特急Laviewができるまで！

画期的！ ドクターイエローの内部紹介!!

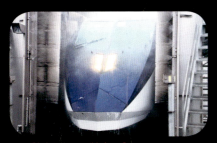

電車にも洗車機がある!?

特急のガラスは、
なんと手で切る！

DVDの名場面

動く図鑑MOVEには、NHKエンタープライズが制作したDVDがついています。DVDには、次世代新幹線のALFA-Xやドクターイエローの内部をはじめとして、全国各地の新幹線や特急、働く鉄道など、さまざまな鉄道の映像が収録されています。

運転室のようすも、丸わかり！

速いぞ！ 次世代新幹線、ALFA-X!

蒸気機関車、SL冬の湿原号

講談社の動く図鑑

MOVE
ムーブ

鉄道
てつどう
［新訂版］

［監修］
山崎友也
鉄道写真家

もくじ

講談社の動く図鑑
MOVE 鉄道 [新訂版]

鉄道ニュース

東海道新幹線でN700Sが走りだす!!

2020年7月デビューの「N700S」は、「N700A」（30ページ）よりもさらに進化した新幹線です。2019年の試験走行では最高時速363㎞を記録するなど、性能の高さに注目が集まっています。

4

グリーン車

普通車

全席のひじかけにコンセントがついたり、室内の照明や壁面が
変わったり、車内は細かくリニューアルされています。

外観の大きなちがいは、車両側面に入ったロゴマークと、
先頭車両のラインの入り方、ライトの大きさなどです。

見てみよう！
DVD 新幹線大集合

N700S（JR東海）

N700Sの「S」は、日本語で「最高」を意
味する「Supreme」の頭文字からつけら
れました。試験走行では最高時速363km
を記録しましたが、実際の営業運転では、
この速度で走ることはありません。

N700S
Supreme

鉄道ニュース

次世代新幹線の試験車両ALFA-X、登場!

ALFA-Xは、東日本を走る新しい新幹線の開発を進めるために誕生した試験車両です。2019年から試験走行をおこない、「さらなる安全性・安定性の追求」、「快適性の向上」、「環境性能の向上」、「メンテナンスの革新」の4つのコンセプトで、新しい新幹線の開発を進めています。

東京寄りの先頭車両の1号車です。
ノーズの長さは16mあります。

西武鉄道の特急Laviewがデビュー!!

西武鉄道の新しい特急「Laview」は、2019年にデビューしました。154ページでは、新車両ができるまでをくわしく解説しています。

ALFA-Xのロゴマークです。

新青森寄りの先頭車両の10号車の
ノーズは、日本のどの新幹線のノー
ズよりも長い22mもあります。

10号車はライトが運転席の近
くについているなど、1号車と
は細かなちがいがあります。

見てみよう！
DVD 新幹線大集合
ALFA-X　E956形（JR東日本）
地震が起きても脱線しにくいつくりや、騒音
をへらす新しいパンタグラフなど、さまざま
な装備の開発を進めています。最高時速400
kmでの試験走行もおこなっています。

Laview　001系（西武鉄道）
「いままでに見たことのない新しい車両」をコンセプトに
開発されました。丸みのある先頭車両の形や、ゆったり
と座れる座席や大きな窓が特ちょうです。001系は
Laviewという愛称で親しまれています。

鉄道の種類

「鉄道」とは「鉄の道」、つまり鉄でできたレールを利用した交通機関のことをあらわします。日本は「鉄道大国」と呼ばれるほど、車両の種類や路線がたくさんあります。さまざまな鉄道の種類を見てみましょう。

車両の種類

車両の種類をおおまかに分けると、車両を動かすための動力をもつ「動力車」と、動力をもたない「付随車」があります。動力車のなかには図の6種類があります。

動力車
自分の力で動ける車両

旅客車　乗客を輸送するための車両です。

電車

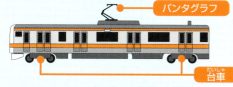

- パンタグラフ
- 台車

パンタグラフなどから取り入れた電気で、台車についたモーターを動かします。列車の編成のなかで、モーターやパンタグラフがついていない付随車もあります。

ディーゼルカー

- ディーゼルエンジン

軽油などの燃料を燃やして、車体の床下にあるディーゼルエンジンを動かします。「気動車」とも呼ばれます。列車の編成のなかで、付随車もあります。

ハイブリッド方式

ディーゼルエンジンで発電した電気と蓄電池に充電した電気で、台車についたモーターを動かします。

機関車　貨車や客車を引っぱるための車両です。機関車本体には乗客用のスペースはありません。

蒸気機関車

燃料の石炭を燃やして水を蒸発させ、蒸気の圧力で動く機関車です。「SL」とも呼ばれます。

電気機関車

電気の力で動く機関車です。「EL」とも呼ばれます。

ディーゼル機関車

ディーゼルエンジンの力で動く機関車です。「DL」とも呼ばれます。

付随車
自分の力で動けない車両

動力をもたない車両には貨車と客車があります。自分の力では動けない車両なので、運行するときは機関車に引っぱってもらいます。

貨車

貨物を積んだ車両です。荷物がたくさん入っているコンテナや、石油やガスなどをタンクに入れて運ぶときに使われます。動力はありません。

客車

内装は車両によってちがいますが、座席や個室など、乗客がくつろげるスペースがあります。車両に動力はありませんが、旅客車のなかまです。

蒸気機関車　　　客車　　　客車

▲蒸気機関車で客車を引っぱっています。

電車のなかま

電車には走る場所や目的によって、いろいろな種類があります。速くて快適な「新幹線」や「特急列車」、街で見かける「普通列車」「地下鉄」「路面電車」など、ひとくちに「電車」といっても、さまざまな電車があります。電車のしくみは172ページ、新幹線のしくみは16ページでくわしく紹介しています。

普通列車（電車）

通勤や通学、近くの街への移動など、さまざまな目的で利用されます。

特急列車（電車）

「特別急行列車」の略です。乗車するには特急券が必要です。停車駅がすくないので、早く目的地に着きます。長い時間乗っていてもつかれないように、車内が工夫されています。

地下鉄

地面の下につくったトンネルを走る電車です。

路面電車

自動車と同じ道路の上に、レールを敷いて走ります。

新幹線

時速200km以上で走る、都市と都市を結ぶ高速鉄道です。たくさんの人を乗せて、速く、安全に運行します。JRのほかの電車と、はばがちがう専用の線路を走ります。

ディーゼルカーのなかま

ディーゼルカーは電気を取り入れる必要がないため、車体にはパンタグラフがついておらず、架線のない区間を走ることができます。おもに、都市部からはなれた地方の「普通列車」や「特急列車」などで使われています。
ディーゼルカーのしくみは174ページでくわしく紹介しています。

普通列車（ディーゼルカー）
架線のない路線を走ります。地方の路線で多く見られます。

特急列車（ディーゼルカー）
ディーゼルエンジンで走る特急列車です。

客車列車（蒸気機関車）
機関車が客車を引っぱります。蒸気機関車は、おもに観光地でかつやくしています。

機関車のなかま

機関車は、客車を引っぱる「客車列車」や、貨車を引っぱる「貨物列車」の先頭車両としてかつやくしています。動力源によって、「蒸気機関車」「電気機関車」「ディーゼル機関車」に分けられます。機関車のしくみは204ページからくわしく紹介しています。

貨物列車（電気機関車）
電気の力で走る機関車が貨車を引っぱります。

貨物列車（ディーゼル機関車）
ディーゼルエンジンで走る機関車が貨車を引っぱります。

そのほかの鉄道

電車やディーゼルカー以外にも、さまざまな鉄道があります。それぞれの車両やしくみは、各ページでくわしく紹介しています。

新交通システム
→198ページ

モノレール
→200ページ

ケーブルカー
→202ページ

この本の使い方

この本では、電車・ディーゼルカーを中心に日本全国の「鉄道」を紹介しています。この本を使って、それぞれの地方を走る鉄道車両や鉄道のしくみを知って、鉄道の楽しみ方を見つけましょう！

マーク

新幹線のコーナーでは、車両についているマークを紹介しています。

レイルマンやまさきのポイント

監修者であるレイルマンやまさきが、独自の視点でそのコーナーの注目ポイントを教えてくれます。

列車・路線データ

列車や路線のデータです。各章のはじめのページで、データの見方を解説しています。

＊ データは2019年9月現在のものです。
＊ 2016年の熊本地震により、一部の列車で運行区間などの変更が生じています。
＊ 編成は、それぞれの列車や路線のおもな編成です。写真と両数が一致しない場合もあります。

マップ

各コーナーで紹介している列車に関係する路線や駅の名前がかかれています。路線の種類ごとに色分けされています。

■ 新幹線　　■ JR在来線　　■ 私鉄の路線

はやぶさ
列車名*（路線名）
列車・路線・車両の名前や愛称をあらわします。

E5系
形式
写真で紹介している車両の形式をあらわします。

（JR東日本）
運行会社
列車を運行する会社をあらわします。

＊ 新幹線ではおもな運行列車名のみ掲載しています。

レイルマンやまさきのポイント
列車名や路線名は同じ名前でも「ちがう種類の車両」を使うことがあります。たとえば「かもめ」という九州の特急列車では3種類の車両が使われます。一方、形式はその車両だけについた記号なので、どんな列車や路線に使われていても、特別な塗装や改造をされていなければ、みんな同じ種類の車両です。

写真
車両のすがたや形がわかりやすい写真を中心に掲載しています。どんな場所を走っているかがよくわかるような、地域の特ちょうをあらわす写真もあります。

鉄道ミニコラム
鉄道に関する、より深い知識が得られるミニコラムです。

近鉄の特急列車

ビスタEX　30000系（近畿日本鉄道）
中間車の2形は2階建てになっています。2階席は窓が大きく、眺めがすばらしいので気持ちがいいです。■120km ■280人分 ■176.9km ■大阪難波～賢島など ■4両 ■1996年

1階席
1階席は個室のようになっています。3人以上のグループにはうってつけです。

▲30000系も赤と白のカラーリングです。

車内通路
2階建て車両の中央に車路口があって、1階席と2階席は階段でつながっています。

Ace 22600系（近畿日本鉄道）
まるみのある顔が特ちょうの特急は「Ace」と呼ばれ、4種類の車両があります。■130km ■206人分 ■39.0km ■京都など～近鉄奈良など ■2両 ■2009年

Ace 16600系（近畿日本鉄道）
ほかの近鉄の路線よりも線路のはばがせまい、南大阪線と吉野線を走る「Ace」です。■110km ■95人分 ■64.9km ■大阪阿部野橋～吉野 ■2両 ■2016年

さくらライナー 26000系（近畿日本鉄道）
桜の景観がすばらしい吉野に向かう特急です。運転席後ろの展望スペースからの眺めは最高！■110km ■180人分 ■64.9km ■大阪阿部野橋～吉野 ■4両 ■1990年

「さくらライナー」も、近鉄の路線のなかでは軌間がせまいところ(1067mm)を走るよ。

サザン・プレミアム 12000系（南海電気鉄道）
従来の「サザン」をより快適にしたのが「サザン・プレミアム」です。全席にコンセントやテーブル、フットレストがついています。■110km ■242人分 ■～和歌山市など ■4両 ■2011年

こうや 31000系（南海電気鉄道）
有名な寺のある高野山に向かう特急です。急な山道もスイスイ登れるように、すべての車両にモーターがついています。■110km ■210人分 ■63.6km ■なんば～極楽橋 ■4両 ■1999年

泉北ライナー 11000系（南海電気鉄道）
11000系は高野線用の特急車両です。現在は泉北高速鉄道線に乗り入れて、朝夕と夜に走る通勤特急としてひつやくしています。■110km ■248人分 ■27.7km ■なんば～和泉中央 ■4両 ■2015年

鉄人ラピート!?
「ラピート」の先頭部は躍動感やスピード感を強調した、とてもユニークなスタイルです。どことなく昔のアニメの「鉄人28号」に似ている!?

スーパーシート
関西空港へ向かうなら「JRのはるか」か、南海のラピート」。きみならどちらに乗りたい？
3列なので、とてもゆったりとくつろげます。まるい窓も「ラピート」の持ちよう。

DVD　ご当地特急選手権西日本編
ラピート 50000系（南海電気鉄道）
「ラピート」とはドイツ語で「速い」という意味です。力強さとスピード感あふれる顔がとてもかっこいい。■120km ■252人分 ■42.8km ■なんば～関西空港 ■6両 ■1994年

66　67

■最高時速　■座席数　■走行距離　■おもな運行区間　■編成　■車両の登場年

きっぷ
列車や路線などにまつわる、おもしろ情報を教えてくれます。

「さくらライナー」も、近鉄の路線のなかでは軌間がせまいところ(1067mm)を走るよ。

DVDマーク
その鉄道のかっこいい映像を付属のDVDで見ることができます。

見てみよう！
DVD 新幹線大集合

見てみよう！
DVD ご当地特急選手権西日本編

鉄道の用語辞典

鉄道に関するさまざまな用語を説明しています。この本を読む手助けとなります。

● 連結

車両同士を連結器でつなぐことです。連結器にはいくつかの種類があります。

自動連結器

軽くおしつけるだけで連結します。

密着連結器

お互いにしっかりかみ合わせます。

● 編成

列車を運行するために車両を組み合わせることです。1両だけでも編成といいます。

● ノーズ

新幹線の先頭車両のかたむきはじめから先までの部分のことです。

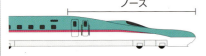
ノーズ

● 電化区間・非電化区間

電化区間は架線や第三軌条などから電気を取りこめる区間のことで、非電化区間はこうした設備がなく、電車が走れない区間のことです。

● 交流区間・直流区間

電化された路線は交流区間と直流区間に分けられます。直流は電圧が常に一定の電流で、交流は電圧が一定の周期で変化する電流のことです。

● 交直流電車

交流区間と直流区間のどちらでも走行できる電車のことです。

● 架線

正式名称は「架空電車線」です。車両に電気を送るための電線のことをいいます。「がせん」とも呼ばれます。

● 振り子式

カーブを走るときに、ふつうの車両よりも速く走れ、乗りごこちをよくした車両です。

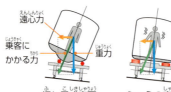
遠心力
乗客にかかる力
重力
振り子式車両　ふつうの車両

振り子式車両はカーブで車両をより大きくかたむけ、乗客にかかる力を床にたいして垂直にします。体が外側に引っぱられず、ゆれを感じにくくなります。

● 超低床車両

乗降しやすいように、床面の高さが低く設計された車両です。路面電車に多く見られます。

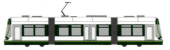

● ハイデッカー車両

床面が高い車両です。眺めがよく、特急列車やジョイフルトレインなどで採用されています。

● ダブルデッカー車両

2階建て車両のことです。乗れる定員を増やしたり、眺めをよくしたりするためにつくられました。

● 通勤形車両

通勤・通学客のために、人がたくさん乗れて、乗降しやすいようにつくられた車両のことです。

● ラッピング車両

車体に広告などをはりつけて走る車両のことです。

● グリーン車

普通車よりも座席が広く、ごうかな設備がついた車両です。乗るためには特別料金がかかります。

● レッグレスト

グリーン車などの座席についている、足を乗せるための台です。足をのばしてゆったりと座れます。

● 私鉄

JR各社と地方公共団体以外の、民間企業が経営する鉄道のことです。「民営鉄道」「民鉄」とも呼ばれます。

● 国鉄

「日本国有鉄道」の略です。国の事業として1949年に発足し、1987年に分割・民営化されて、JR各社になりました。

● 第三セクター鉄道

国や地方公共団体と民間企業とが、共同で設立した鉄道会社のことです。「三セク」とも呼ばれます。

● 在来線

JRで新幹線をのぞいた、鉄道の路線のことをいいます。

● バイパス線

区間を迂回、または短絡するためにつくられた路線のことです。

● 単線

1本の線路を下り列車と上り列車の両方が通る線路のことです。おもに利用客のすくない地域に見られます。

● 複線

下り列車用の線路と上り列車用の線路が2本並行に敷かれていることです。大きな都市では、4本の線路が敷かれているところもあり「複々線」と呼ばれます。

● 相互直通運転

複数の鉄道会社間でお互いに線路をまたがって列車を運転することです。乗りかえなしでほかの路線の駅まで行くことができます。

● ワンマン運転

車掌が乗車せず、運転士が1人で列車を運行することをいいます。

新幹線

新幹線は、速さと高い安全性を合わせもった鉄道車両です。そのほかの鉄道車両とくらべて、圧倒的な速さで各地を結んでいます。

かがやき　E7系〈JR東日本〉

新幹線　列車・路線データの見方

■最高時速

260km

■座席数

924人分

■走行距離　■おもな運行区間

450.5km

東京〜金沢

■編成

F編成〈12両〉

紹介車両のおもな編成です。

■車両の登場年

2014年〈E7系〉
2015年〈W7系〉

紹介車両が路線に登場した年です。

新幹線のしくみ

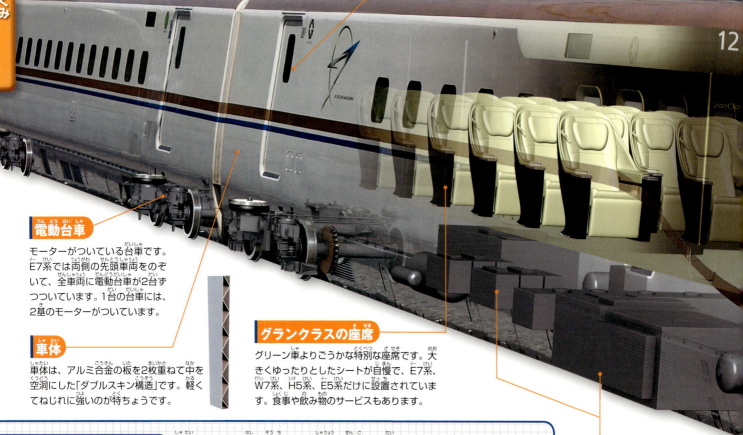

レイルマンやまさきのポイント

新幹線にはさまざまな部品や装置がついています。それぞれの役割や特ちょうを、北陸新幹線E7系の図で見てみましょう。

気密ドア
内側からおさえつけて車内を密閉します。トンネルに入ったときなどに耳が痛くなる「耳ツン」をふせぎます。

12

GranClass

電動台車
モーターがついている台車です。E7系では両側の先頭車両をのぞいて、全車両に電動台車が2台ずつついています。1台の台車には、2基のモーターがついています。

車体
車体は、アルミ合金の板を2枚重ねて中を空洞にした「ダブルスキン構造」です。軽くてねじれに強いのが特ちょうです。

グランクラスの座席
グリーン車よりごうかな特別な座席です。大きくゆったりとしたシートが自慢で、E7系、W7系、H5系、E5系だけに設置されています。食事や飲み物のサービスもあります。

電動台車のしくみ

車体をささえて走る装置です。車両の前後に1台ずつあります。カーブを高速でスムーズに走るなどのために、台車は車体に固定されていません。

空気ばね
車体と台車の間にあります。空気のはたらきを利用して車体の上下のゆれをおさえます。

ヨーダンパ
台車の左右両側についていて、台車のゆれをおさえます。

脱線防止ガイド
車輪がレールから大きく外れないための工夫です。1台の台車に4つついています。

ブレーキ
高速で走っているときに地震がおきても、短い時間で停止できます。1台の台車に4つついています。

モーター
車輪を回す動力源です。ふつうの電車よりも出力が大きく、音のしずかな交流モーターです。12両編成なら、40基ついています。

車輪
高速回転にたえられるじょうぶな車輪です。

床下機器
速度を制御する機器や、走行中のゆれをおさえて乗りごこちをよくするアクティブサスペンション、空調装置などがおさめられた箱がつりさげられています。

消費する電力量くらべ
E7系のモーター1基…1時間で300kW
一般家庭1軒………1日で9kW

約**33**日分

パンタグラフ

架線から電気を取り入れます。風を切るような形なので騒音が出にくくなっています。E7系では、シングルアーム形のパンタグラフが3号車と7号車の上についています。

ブレーキハンドル　　マスコン

逆転ハンドル

運転席

速度を調整するマスコンや、進行方向をかえる逆転ハンドル、ブレーキハンドルがついています。3つのモニターでは車両の状態や運行状況などをチェックできます。

F 3

運転窓

走行中に小石や鳥がぶつかっても割れない強化ガラスでできています。

付随台車

電動台車とほとんど同じつくりですが、モーターがついていません。両側の先頭車両の前後に1台ずつついています。

前部標識

消費電力がすくなく、遠くまでてらすことができるLED照明が使われています。

スノープラウ

線路に積もった雪を、床下にまきこまないようにかき分けます。

連結器

故障で動けなくなったときに、助けにきた車両と連結するために使います。

17

北陸・上越新幹線

レイルマンやまさきのポイント

北陸新幹線は、2015年3月に、長野から金沢まで路線をのばして開業しました。JR東日本のE7系とJR西日本のW7系が走っています。上越新幹線は、東京と新潟を結び、E7系とE2系が「とき」や「たにがわ」として走っています。

北陸・上越新幹線運行マップ

新潟
上越新幹線
越後湯沢
金沢
長野
高崎
北陸新幹線
大宮
東北新幹線
東京

DVD 新幹線大集合

かがやき　E7系（JR東日本）・W7系（JR西日本）

2015年に金沢まで開業した北陸新幹線を走るためにつくられました。「はくたか」や「つるぎ」「あさま」としても走ります。グリーン車よりもごうかなグランクラスが自慢です。■260km　■924人分　■450.5km　■東京〜金沢　■F編成（E7系）・W編成（W7系）（12両）　■2014年（E7系）・2015年（W7系）

■最高時速　■座席数　■走行距離　■おもな運行区間　■編成　■車両の登場年

18

新幹線の速さのひみつとは？

新幹線の速さのひみつは、車体のつくり以外にもあります。新幹線の線路は自動車の道路と交わらない専用の線路なので、じゃまになるものがありません。また、カーブがすくなく、レールのはばが広いため、速く走ることができるのです。

シートは本革製で、最大45度までリクライニングします。シートやレッグレストなどのそうさは、すべてコントロールパネルのスイッチでおこないます。

デスクライト

コントロールパネル

レッグレスト

ごうかな座席グランクラス

多くの新幹線には、普通車より座席がごうかなグリーン車があります。E7系、W7系、H5系、E5系には、グリーン車よりもごうかなグランクラスがあり、専任のアテンダントが食事や飲み物を座席まで運んでくれるなど、特別なサービスが提供されます。

＊グランクラスは列車や区間によって、料金やサービス内容にちがいがあります。

E7系のグランクラスの入り口につづくデッキには、四季をイメージした赤いかざりと、グランクラスをあらわすマークがついています。

きれいな風景を楽しみながら、ゆったりとした時間をすごせます。

■最高時速　■座席数　■走行距離　■おもな運行区間　■編成　■車両の登場年

見てみよう！
DVD 新幹線大集合

とき　E7系（JR東日本）

2019年から、上越新幹線でもE7系が走っています。「グランクラス」では軽食などのサービスはありませんが、ほかのグランクラスにくらべて安い料金で乗車することができます。

🔴240km　🟧924人分　🟩333.9km　⬛東京～新潟　🟪F編成（12両）　🟦2019年

E7系は東京～越後湯沢間を「たにがわ」としても走っているよ。

たにがわ　E2系（JR東日本）

E2系は上越新幹線を「とき」として走っているほか、東北新幹線の「やまびこ」「なすの」としてもかつやくしている車両です。

🔴240km　🟧815人分　🟩199.2km　⬛東京～越後湯沢　🟪J編成（10両）　🟦2013年

▲りんごをモチーフにしたマークがついています。

21

ジョイフル新幹線

新幹線の路線を走るジョイフルトレインにも注目だ！　世界ではじめての足湯や現代美術を楽しめる新幹線の中をのぞいてみよう。

ジョイフル新幹線

とれいゆ つばさ　E3系（JR東日本）

2014年に登場した、新幹線初のリゾート列車です。足湯やバーカウンターがあり、くつろぎながら旅を楽しめます。

■143人分　■148.6km　■福島〜新庄　■6両　■2014年

見てみよう！
DVD　ジョイフルトレイン大集合

足湯（くつろぎの間）
足湯でくつろぎながら窓の外の景色を楽しむことができます。

バーカウンター
フルーツジュースなどの飲みものを買うところです。

湯上がりラウンジ
足湯に入ったあとに、ゆったりと、飲食などをするためのスペースです。

24　■座席数　■走行距離　■おもな走行区間　■編成　■車両登場年

見てみよう！
DVD ジョイフルトレイン大集合

GENBI SHINKANSEN（現美新幹線） E3系（JR東日本）

上越新幹線の越後湯沢〜新潟間を走る列車です。E3系をもとにつくられました。
車内では現代アートを楽しめるほか、子どものためのキッズスペースもあります。

🟧107人分　🟩134.7km　🟥越後湯沢〜新潟　🟪6両　🟦2016年

指定席 指定席はおしゃれな黄色のシートです。「五穀豊穣」「祝祭」「光」をイメージしています。

キッズスペース 子どものためのキッズスペースではプラレールを使ってあそぶことができます。

展示スペース 車内にはさまざまな現代アーティストの作品が展示されています。
※展示される作品は、時期によってちがいます。

展示スペース 12号車では、車内と車窓に広がる景色が、鏡面ステンレスに映しだされます。

北海道新幹線

北海道新幹線

レイルマンやまさきのポイント

北海道新幹線は新青森から新函館北斗を結ぶ、もっとも新しい新幹線の路線です。2031年には、新函館北斗から札幌までの区間も開業する予定です。JR北海道のH5系は、最高時速320kmで、JR東日本のE5系やE6系とともに日本でいちばん速い新幹線です。

DVD 新幹線大集合 見てみよう!

はやぶさ H5系 (JR北海道)

2016年3月に、新青森〜新函館北斗間の北海道新幹線が開通したときに登場しました。E5系をもとにしてつくられましたが、車体の横に入った紫色のラインやロゴマークなどがちがいます。■320km ■723人分 ■862.5km
■東京〜新函館北斗 ■H編成(10両) ■2016年

愛称の由来のハヤブサは、とても速く飛ぶことができる鳥です。

「はやぶさ」は、かつて東京と九州を結んでいた寝台特急の愛称なんだ。

北海道新幹線運行マップ

＊2031年開業予定の区間

札幌
新函館北斗
北海道新幹線
新青森
東北新幹線

■最高時速 ■座席数 ■走行距離 ■おもな運行区間 ■編成 ■車両の登場年

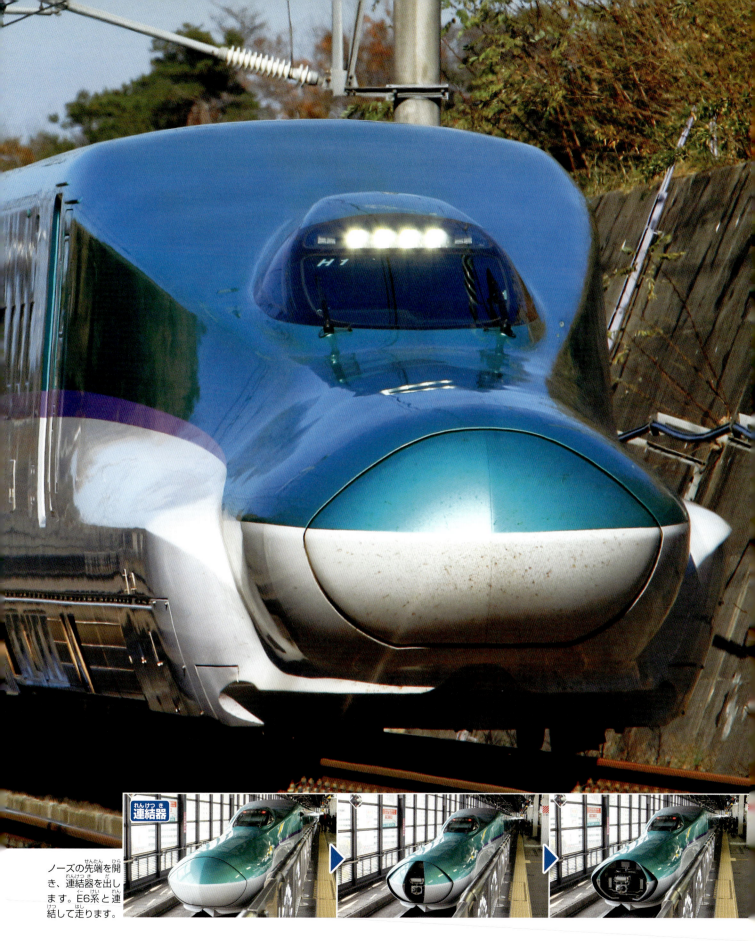

ノーズの先端を開き、連結器を出します。E6系と連結して走ります。

東北・秋田・山形新幹線

レイルマンやまさきのポイント

東北地方を走る新幹線は、カラフルな車体が特ちょうです。E5系やE6系はH5系とともに、日本の新幹線で最速の時速320kmで走ります。

E6系のデザインは、スポーツカーの「フェラーリ」も手がけた奥山清行氏によるものだよ。

日本最速の新幹線同士、E5系やH5系と連結して走ります。

見てみよう！ DVD 新幹線大集合

こまち　E6系（JR東日本）

赤い車体が特ちょうのE6系は2013年にデビューしました。秋田地方出身とされる小野小町が愛称の由来です。■320km　■330人分　■662.6km　■東京〜秋田　■Z編成（7両）　■2013年

東北・秋田・山形新幹線運行マップ

しんあおもり 新青森
秋田新幹線
あきた 秋田
もりおか 盛岡
しんじょう 新庄
東北新幹線
山形新幹線
やまがた 山形
せんだい 仙台
ふくしま 福島
とうきょう 東京

普通車 稲作がさかんな秋田県を走るので、座席は、稲穂の黄金色をイメージした色で統一されています。

グリーン車 すべての座席に電動レッグレストとコンセントがついています。

運転席 運転席の座席も黄金色です。3つのモニターで、運行に必要な情報を確認できます。

連結器 ノーズの先端を開いて、E5系やH5系と連結します。

■最高時速　■座席数　■走行距離　■おもな運行区間　■編成　■車両の登場年

JR EAST JAPAN RAILWAY COMPANY

車体のイラストは4種類あります。

DVD 新幹線大集合

やまびこ E3系（JR東日本）
E5系と連結して走ります。2014年3月までおもに「こまち」として秋田新幹線を走っていた車両です。
■275km ■338人分 ■535.3km
■東京～盛岡 ■R編成（6両）■1997年

DVD 新幹線大集合

つばさ E3系（JR東日本）
東京と山形県の新庄を結ぶ新幹線です。2014年に車体の色を塗りかえて、山形県の鳥であるオシドリをイメージしたカラフルな車体になりました。
■275km ■394人分 ■421.4km
■東京～新庄 ■L編成（7両）■1999年

DVD 新幹線大集合

はやぶさ E5系（JR東日本）
2011年に登場したE5系は、H5系、E6系と同じく日本でいちばん速い新幹線です。グリーン車よりごうかなグランクラスが設置されています。■320km ■723人分 ■862.5km ■東京～新函館北斗 ■U編成（10両）■2011年

「ミニ新幹線」と呼ばれる理由

秋田新幹線と山形新幹線は、「ミニ新幹線」と呼ばれています。E6系やE3系は、在来線の線路も走るために、ほかの新幹線よりひとまわり小さくつくられているからです。車体がひとまわり小さいと、新幹線の駅ではホームと車両の間にすき間ができてしまうため、ステップという特別な装備がついています。

E6系「こまち」のステップです。

歴代新幹線大集合！
新幹線の歴史

日本ではじめての新幹線は、東京オリンピックが開催された1964年に開業しました。世界にさきがけて時速200kmをこえる営業運転をはじめたのは「夢の超特急」と呼ばれた初代新幹線の0系でした。新幹線のはじまりからふりかえってみましょう。

△0系の営業初運転の日の記念式典のようす。

0系
「だんご鼻」と呼ばれて親しまれました。車体の塗りなおしや改造などをおこない、2008年まで現役で走っていました。

新幹線トピック	西暦	車両ニュース
日本ではじめての新幹線、東海道新幹線（東京〜新大阪）が開業。	1964	0系デビュー（東海道新幹線）
0系が世界初の時速200km以上での営業運転を開始。		
山陽新幹線（新大阪〜岡山）が開業。	1972	
山陽新幹線（岡山〜博多）が開業。全線開通。	1975	
東北新幹線（大宮〜盛岡）、上越新幹線（大宮〜新潟）が開業。	1982	200系デビュー（東北新幹線）
東北新幹線（上野〜大宮）が開業。	1985	100系デビュー（東海道・山陽新幹線）
日本国有鉄道（国鉄）が分割・民営化される。JR各社が発足。	1987	
東北新幹線（東京〜上野）が開業。	1991	
山形新幹線（福島〜山形）が開業。	1992	300系デビュー（東海道新幹線） 400系デビュー（山形新幹線）

200系
0系に似ていますが、車体のカラーが緑色です。雪の多い地域を走れるように、「スノープラウ」もついています。

100系
「シャークノーズ（サメのような鼻）」と呼ばれる、とがった先頭車両が特ちょうの新幹線です。

400系 **300系**
銀色の車体の400系はおもに「つばさ」として、「鉄仮面」と呼ばれ親しまれた300系は「のぞみ」として登場しました。

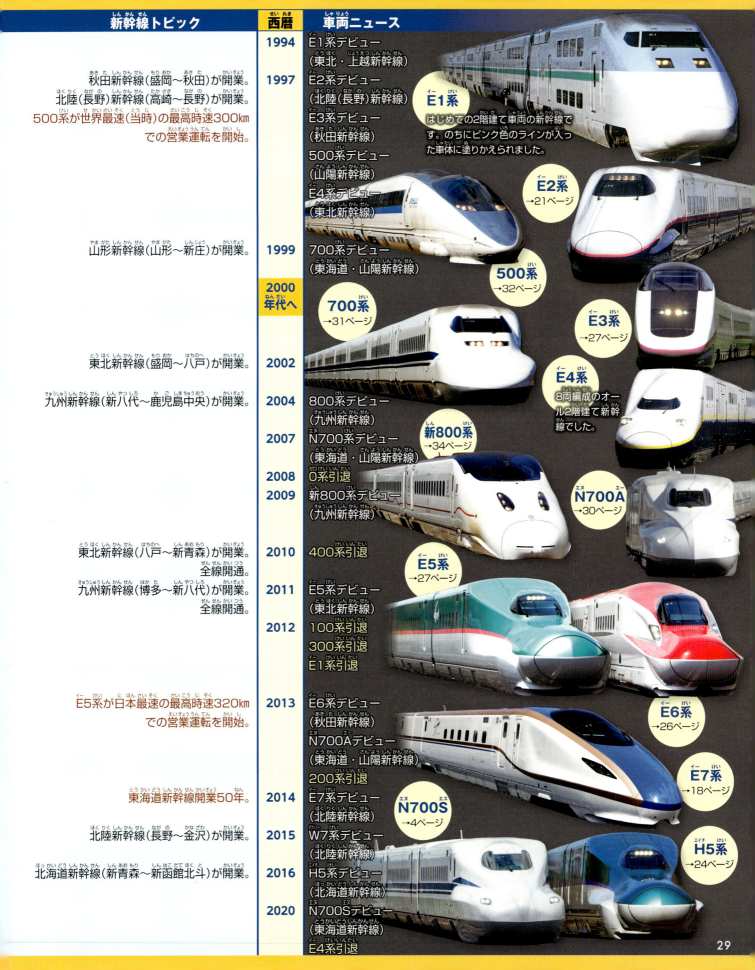

新幹線トピック	西暦	車両ニュース
	1994	E1系デビュー（東北・上越新幹線）
秋田新幹線（盛岡〜秋田）が開業。 北陸（長野）新幹線（高崎〜長野）が開業。 500系が世界最速（当時）の最高時速300km での営業運転を開始。	1997	E2系デビュー（北陸（長野）新幹線） E3系デビュー（秋田新幹線） 500系デビュー（山陽新幹線） E4系デビュー（東北新幹線）
山形新幹線（山形〜新庄）が開業。	1999	700系デビュー（東海道・山陽新幹線）
	2000 年代へ	
東北新幹線（盛岡〜八戸）が開業。	2002	
九州新幹線（新八代〜鹿児島中央）が開業。	2004	800系デビュー（九州新幹線）
	2007	N700系デビュー（東海道・山陽新幹線）
	2008	0系引退
	2009	新800系デビュー（九州新幹線）
東北新幹線（八戸〜新青森）が開業。 全線開通。	2010	400系引退
九州新幹線（博多〜新八代）が開業。 全線開通。	2011	E5系デビュー（東北新幹線）
	2012	100系引退 300系引退 E1系引退
E5系が日本最速の最高時速320km での営業運転を開始。	2013	E6系デビュー（秋田新幹線） N700Aデビュー（東海道・山陽新幹線） 200系引退
東海道新幹線開業50年。	2014	E7系デビュー（北陸新幹線）
北陸新幹線（長野〜金沢）が開業。	2015	W7系デビュー（北陸新幹線）
北海道新幹線（新青森〜新函館北斗）が開業。	2016	H5系デビュー（北海道新幹線）
	2020	N700Sデビュー（東海道新幹線） E4系引退

E1系
はじめての2階建て車両の新幹線です。のちにピンク色のラインが入った車体に塗りかえられました。

E2系
→21ページ

500系
→32ページ

700系
→31ページ

E3系
→27ページ

E4系
8両編成のオール2階建て新幹線でした。

新800系
→34ページ

N700A
→30ページ

E5系
→27ページ

E6系
→26ページ

E7系
→18ページ

N700S
→4ページ

H5系
→24ページ

29

東海道・山陽新幹線

レイルマンやまさきのポイント

東海道新幹線は1964年に日本で最初につくられた新幹線です。その後、山陽新幹線が1972年には岡山、1975年には博多までのびて、現在では日本の大動脈としてかつやくしています。

初代新幹線の0系はパンタグラフが8つもあったけど、N700Aは2つだけだよ。

DVD 新幹線大集合

東海道・山陽新幹線運行マップ

東京
名古屋
新大阪
岡山
山陽新幹線
新大阪
東海道新幹線
博多

のぞみ　N700A（JR東海・JR西日本）

N700系を改良した新幹線です。日本でいちばん長い距離を走ります。Aは「Advanced（進歩、前進）」という意味です。「ひかり」や「こだま」としても走ります。■300km ■1323人分 ■1174.9km ■東京〜博多 ■G・F・X・K編成（16両）■2013年

■最高時速 ■座席数 ■走行距離 ■おもな運行区間 ■編成 ■車両の登場年

先頭車両は「エアロダブルウィング」と呼ばれる形をしています。鳥の羽のように風をうまく逃がして、速度を落とさないように走れます。

グリーン車 座面と背もたれが連動して動く「シンクロナイズド・コンフォートシート」という座席で、快適にすごせます。

JR西日本に所属している新幹線は、車内チャイムに『いい日旅立ち・西へ』を使っているよ。

マーク

改造前

改造後

もともとあった車両を改造したN700Aには、もとのマークの後ろにAがついています。新しくつくった車両には、Aの文字が大きく入ったマークがついています。

ひかり　700系（JR西日本）

JR東海とJR西日本が共同開発した車両で、300系をもとにつくられました。カモノハシのくちばしのような形をした先頭車両が特ちょうです。■285km ■1323人分 ■622.3km ■新大阪〜博多 ■B編成（16両）■1999年

山陽・九州新幹線

山陽・九州新幹線

レイルマンやまさきのポイント

2011年3月に九州新幹線が全線開業し、新大阪からの直通列車が走りはじめました。九州のみを走る新幹線には、車内がとてもごうかな列車もあります。

見てみよう！ DVD 新幹線大集合

「のぞみ」として登場した500系はデビュー当時、世界最速の時速300kmで走っていたんだ。

山陽・九州新幹線運行マップ

山陽新幹線
岡山
新大阪
博多
九州新幹線
鹿児島中央

お子様向け運転台

8号車にあり、本物そっくりのハンドルが操作できるので実際に運転をしている雰囲気が味わえます。

JR500
WEST JAPAN

こだま　500系（JR西日本）

山陽新幹線を走ります。飛行機のように先がとがった先頭車両と、円柱状の車体が特ちょうです。■285km ■557人分 ■622.3km ■新大阪〜博多 ■V編成（8両）■2008年

コンパートメント

個室になっている4人がけの座席があります。

ひかりレールスター　700系（JR西日本）

山陽新幹線用につくられた車両です。車体は700系ですが、「ひかり」とは両数や色、車内の設備などにちがいがあります。おもに「こだま」として走っています。■285km ■571人分 ■622.3km ■新大阪〜博多 ■E編成（8両）■2000年

見てみよう！ DVD 新幹線大集合

■最高時速　■座席数　■走行距離　■おもな運行区間　■編成　■車両の登場年

みずほ　N700系（JR西日本・JR九州）

九州新幹線が全線開通した2011年に登場しました。普通車の指定席もグリーン車と同じ2列シートなので、ゆったりと座ることができます。停車駅の多い「さくら」としても走っています。

KYUSHU　WEST JAPAN

■300km　■546人分　■911.2km　■新大阪〜鹿児島中央　■S・R編成（8両）　■2011年

見てみよう！
DVD 新幹線大集合

坂の多い区間を走るので、全車両にモーターがついています。これもN700Aとのちがいだよ。

車両の形はN700A（30ページ）とほぼ同じですが、車体の色は青白色です。ラインやマークのデザインもN700Aとちがいます。

DVD 新幹線大集合 見てみよう！

つばめ　新800系（JR九州）

九州のみを走る車両です。線路や架線を検査しながら走ることができる車両もあります。

■260km ■384人分 ■288.9km ■博多〜鹿児島中央 ■U編成（6両）■2009年

KYUSHU SHINKANSEN 800

車内は金箔が使われるなど、ごうかなつくりです。

普通車　全車両が2人がけの座席なので、ゆったりと座れます。座席のデザインは、すべての車両でちがいます。

1号車　2号車　3号車　4号車　5号車　6号車

■最高時速　■座席数　■走行距離　■おもな運行区間　■編成　■車両の登場年

ドクターイエロー　923形
（JR東海・JR西日本）

見ると幸せになれるという噂があって、「幸せの黄色い新幹線」とも呼ばれているよ。

軌道検測室

観測ドーム

新幹線の安全を守るドクター

東海道・山陽新幹線では、ときどき、この黄色い車両が走っています。「ドクターイエロー」は、走行しながら線路や架線を検査することができます。先頭車両のライトの下についたカメラで線路を、屋根側についたカメラで架線を撮影して、計測したデータをもとに、それぞれに異常がないかを確認しています。線路や架線の健康状態を見きわめる「ドクターイエロー」は、「新幹線のお医者さん」とも呼ばれています。

ミニ新幹線も診るお医者さん

「イーストアイ」は北海道・北陸・上越・東北・秋田・山形新幹線を検査するための車両です。「ドクターイエロー」と同様に、線路と架線をカメラで撮影するなどして、データを計測します。ミニ新幹線の区間も検査するために、「ドクターイエロー」とくらべて、ひとまわり小さな車体です。

見てみよう！
DVD 新幹線大集合

イーストアイ　E926形（JR東日本）

出発進行！ 新幹線の運転士

ここでは、山陽新幹線の運転士を紹介します。運転士は列車を安全に運行するために、乗客を乗せて運転をはじめるまでに、さまざまな準備をしています。

運転台のしくみ

電話機
車掌と連絡をとるための機器です。

モニター
現在の速度などを表示します。

おもに運転にかかわる情報を表示します。

車両の状態などの情報を表示します。

ブレーキハンドル

マスコン
「マスターコントローラー」の略称です。前後に動かして速度を調整することができます。

逆転ハンドル
進行方向をかえるときに使います。

① 乗務表を取りだす

その日に自分が運転する列車の乗務表を取りだします。乗務表とは、運転する列車の時刻がひと目でわかるものです。

② 時計を合わせる

運転士用の鉄道時計を運転所にある時計と同じ時刻に合わせます。

③ ICカードを取りだす

ICカードには、これから運転する列車についてのさまざまな情報が入っています。

④ 運行状況の確認

その日の列車の遅延・運休など、運行状況を掲示板で確認します。

⑤ アルコール検査

アルコールを摂取していないかどうかを確認するために、専用の検査器を使って検査します。

⑥ 乗務点呼

乗務表の内容や、担当する列車の時刻や注意点などを確認しあい、あいさつをして出発します。

⑦ 列車へ移動する

運転士用のかばんをもって車庫へ移動し、担当する列車の運転室に入ります。

⑧ 運転台のチェック

運転台の機器、ハンドル、スイッチなどに異常がないかを、何十か所も指さし確認します。

⑨ ICカードを入れる

ICカードをセットすると、モニターに通過時刻や停車駅など、必要な情報が表示されます。

⑩ 車両のチェック

外に出て、ヘッドライトや車輪、車体に異常がないかを確認します。確認できたら始発駅まで移動します。

⑪ 車掌と連絡をとる

列車が始発駅に到着して、車掌が乗りこむと運転士に連絡がきます。

⑫ 運転開始

乗客の乗車が完了して、車掌から出発の合図があると運転を開始します。

日本の新幹線に追いつけ、追いこせ
世界の高速鉄道

世界の高速鉄道は、色づかいや先頭車両の形が日本のものとすこしちがいます。日本でつくられた列車もかつやくしています。

車内はゆったりと座れます。

AZUMA

（イギリス）

AZUMA
日本の日立製作所がつくった新幹線です。最高時速200kmで走ります。ゆれをおさえているため、快適にすごせます。

海外のレールのはば

日本では一部の区間をのぞき、ほとんどの区間の軌間（左右のレールのはば）が1435mm（新幹線）か、1067mm（JR在来線など）ですが、海外にはさまざまな軌間の路線があります。1000mm（ベトナム、タイ）、1668mm（スペイン、ポルトガル）、1676mm（インド）など、国や鉄道会社によってちがいますが、もっとも一般的なものが「標準軌」と呼ばれる1435mmの軌間で、中国、韓国、アメリカのほか、ヨーロッパのほとんどの国で採用されています。フリーゲージトレイン（40ページ）は、日本ではまだ営業運転をおこなっていませんが、スペインではすでに軌間1435mmの路線と1668mmの路線を直通で走ることができる高速列車「アルビア」が走っています。

アルビア S120
2006年に、スペインのマドリード～バルセロナ間で営業運転を開始しました。世界ではじめて軌間がちがう路線を直通で走った高速列車です。

（スペイン）

TGV-inOui
フランス語読みで「テージェーベー」と呼ばれる車両です。最高時速320㎞で走ります。

（フランス）

AVE S103
AVEは、スペインで最初の高速鉄道です。相互直通運転できるように、ほかの国の高速鉄道と同じ標準軌を採用しています。S103は、最高時速350㎞で走ります。

（スペイン）

ICE3
ヨーロッパではじめて時速300㎞以上で運転をおこなった電車です。日本の新幹線と同じ「動力分散式」です。

（ドイツ）

ユーロスター e320
英仏海峡トンネルを通り、ロンドンとパリ、ブリュッセルなどを結ぶ国際高速列車です。最高時速320㎞で走ります。

（イギリス・ベルギー・フランス）

KTX
フランスの「TGV」のシステムを導入してつくられた車両です。在来線との相互直通運転もしています。

（大韓民国）

上海トランスラピッド
最高時速430㎞で走る、超高速磁気浮上式鉄道です。ドイツで開発された技術を導入してつくられました。

（中華人民共和国）

車輪のはばをかえて走る！
フリーゲージトレイン

フリーゲージトレイン

フリーゲージトレインは、線路のはばがちがう路線をどちらでも走れるようにつくられた車両です。日本ではまだ営業運転をしていませんが、実用化に向けて研究をおこなっています。

三次試験車
2014年に登場したフリーゲージトレインの試験車両です。過去にも実験がされていて、この車両は3代目のフリーゲージトレインです。

車輪のはばをかえたいわけ

左右のレールのはばのことを「軌間（ゲージ）」といいます。軌間がちがう路線では、おたがいの路線に乗り入れることができないのが、これまでの常識でした。しかし、フリーゲージトレインの実用化が進むと、列車を乗り換えることなく、路線を行き来することが可能になります。

標準軌の軌間
1435 mm

軌間変換！

狭軌の軌間
1067 mm

▲フリーゲージトレインは、レールのはばに合わせて車軸を調整することができます。

軌間変換装置

軌間が広いレールとせまいレールをつなぐ部分に設置される装置です。この装置のはたらきとフリーゲージトレインの車軸のしくみによって、軌間がちがう路線を走ることができるのです。

1 車輪を浮かせる
軌間変換区間に入ると、車輪の横にある左右の軸箱が支持レールに乗ります。支持レールにささえられることで、車輪が浮いた状態になります。

2 車輪のはばをかえる
車輪がガイドレールに入ると、車輪のロック装置が外れて、ガイドレールに沿って車輪のはばがかわっていきます。

3 車輪をロックする
車輪のはばがかわると、車輪がロックされ、軌間がちがう区間へ入ります。

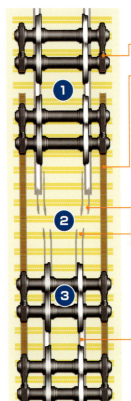

軸箱

支持レール
車輪を浮かせるために、軸箱を乗せてささえるレールです。

ガイドレール
車輪のはばを調整するための案内レールです。

走行レール
車輪が乗っている、走行用のレールです。

この章で紹介する特急列車は、それぞれの地方の鉄道を代表するような特別な列車です。停車する駅は、まちの中心的な場所や観光地などで、多くの人でにぎわっています。個性豊かな列車を見てみましょう。

ラピート　50000系（南海電気鉄道）

特急列車　列車・路線データの見方

■ 最高時速	■ 座席数	■ 走行距離　■ おもな運行区間	■ 編成	■ 車両の登場年
120km	252人分	42.8km なんば〜関西空港	6両 紹介車両のおもな編成です。	1994年 紹介車両が路線に登場した年です。

九州の特急列車

レイルマンやまさきのポイント

九州を走る特急列車はとてもカラフルでバラエティにあふれ、見ているだけでも楽しくなります。また車内やサービスも個性豊かで乗客をあきさせません。九州はそんな列車が走りまわる、まさに特急王国です。

あそぼーい！　キハ183系（JR九州）

阿蘇山の雄大な景色を満喫できる特急です。3号車のファミリー車両には子供たちが楽しめる工夫がいっぱいあります。■120km　■127人分　■110.2km　■阿蘇～別府　■4両　■2011年

パノラマシート

先頭車両は窓が大きく展望のよいパノラマシートです。阿蘇の山々や沿線の川などの景色を堪能できます。

外観

外観にはさまざまなポーズのくろちゃんがえがかれています。その数なんと101匹！

「あそぼーい！」という愛称が先頭部に書かれています。黒と白の車体が、かっこよくて人気です。

■最高時速　■座席数　■走行距離　■おもな運行区間　■編成　■車両の登場年

楽しくすごせるファミリー車両（3号車）

白いくろちゃんシート

列車の進行方向がかわっても窓側がいつも子供席になるようつくられている、世界初の親子シートです。

木のプール

木のボールにうもれたり、お手玉などをしたりして遊べます。

くろカフェ

タオルハンカチやマグカップなどが買えます。

絵本を集めた図書室や寝転がれる和室などもあり、車内は遊ぶところがいっぱいだよ。

A列車で行こう　キハ185系（JR九州）

「16世紀の天草に伝わった南蛮文化」をテーマにした観光特急です。ジャズが流れ、木をたくさん使って落ち着いた空気がただよう車内では、大人の気分が味わえます。

■110km　■84人分　■36.5km　■熊本〜三角　■2両　■2011年

A-TRAIN BAR

「A-TRAIN BAR」では九州産のデコポンをアレンジしたお酒が人気です。

車内

1号車は木をたくさん使い、明かりも工夫されたムードある車内です。

眺め

八代海の向こうに広がる天草諸島を見ながら進んでいきます。

■最高時速　■座席数　■走行距離　■おもな運行区間　■編成　■車両の登場年

黒ごまを使った「いぶたまプリン」と「指宿温泉サイダー」が車内販売のおすすめ！

指宿のたまて箱　キハ47形（JR九州）

昔話の「浦島太郎」をテーマにしてつくられました。桜島を見ながら温泉地へと向かいます。もしかしたら終着駅は竜宮城！？

■ 95㎞　■ 60人分
■ 45.7㎞　■ 鹿児島中央〜指宿　■ 2両　■ 2011年

駅に到着すると、玉手箱をあけたときのような白い霧が噴きだします。

車内 海側の窓に向いた1人がけの座席からは、きれいな景色を独占できます。

左右で見た目がちがう！

特急「指宿のたまて箱」は山側半分が黒、海側半分が白という、いままでにないデザインの車両です。先頭部も白黒半分ずつに塗り分けられ、ちょっぴり不思議な表情をしています。

▲787系(左)と783系(右)の「かもめ」もあります。

見てみよう!
DVD ご当地特急選手権西日本編

九州の特急列車

かもめ　885系(JR九州)

真っ白いボディと飛行機のような顔がカッコイイ885系は、カーブでも速度を落とさずに走ることができる「振り子式」の車両です。

■130km　■302人分　■153.9km　■博多～長崎など　■6両　■2000年

ソニック　883系(JR九州)

ブルーメタリックで奇抜なデザインが人気の特急です。車内にはいろいろな設備があって、見どころもいっぱいあります。885系の白い「ソニック」(写真下)もあります。■130km　■349人分　■200.1km　■博多など～大分など　■7両　■1997年

パノラマキャビン
運転席からの景色を見ることができます。

デッキ
乗降口にも、いろいろなものがかざってあります。

見てみよう!
DVD ご当地特急選手権西日本編

由布院駅のホームには、足湯があるよ。列車を見ながらのんびり楽しもう。

見てみよう!
DVD ご当地特急選手権西日本編

ゆふいんの森　キハ72系(JR九州)

座席が高いところにあり窓も大きいので、車内からの見晴らしがばつぐんです。大分県にある由布岳という有名な山のそばを走ります。■120km　■266人分　■134.8km　■博多～由布院など　■5両　■1999年

▲「ゆふいんの森」には2種類の車両があって、こちらはキハ71系。博多～別府間を走っています。窓のまわりが金色です。

ハウステンボス　783系（JR九州）

列車と同じ名前のテーマパークへ行く人を運ぶ特急です。オレンジ色の「ハウステンボス」専用車両として走っています。■130km ■219人分
■112.8km ■博多〜ハウステンボス ■4両 ■2017年

みどり　783系（JR九州）

787系の列車も走っています。博多〜早岐間は「ハウステンボス」と連結して走ることもあります。■130km ■216人分 ■117.0km ■博多〜佐世保 ■4両 ■2000年

カラフルな車体のわけ

JR九州の特急はカラフルで、車内に特ちょうがある車両ばかりです。これは、1988年のジョイフルトレイン「アクアエクスプレス」以来、水戸岡鋭治氏が多くの車両のデザインを担当しているからです。鉄道専門のデザイナーではない水戸岡氏は、それまでの車両デザインの常識をうちやぶり、数多くのユニークな車両を生みだしたのです。

「アクアエクスプレス」は、現在は廃車になっています。

水戸岡氏が手がけた、かつての「きりしま」「ひゅうが」です。

見てみよう！ DVD ご当地特急選手権西日本編

展望スペース
車内には景色がよく見えるように、窓の大きい展望スペースもあります。

はやとの風　キハ147形・キハ47形（JR九州）

真っ黒い車体がひときわ目を引くディーゼル特急です。桜島を眺めながら海沿いを走る区間が絶景のポイントです。■95km ■67人分 ■68.5km ■吉松〜鹿児島中央 ■2両 ■2004年

見てみよう！ DVD ご当地特急選手権西日本編

海幸山幸　キハ125系（JR九州）

宮崎県南部のうつくしい海岸線を走っていくリゾート特急です。木をたくさん使っているので、車内にはあたたかみがあります。■95km ■51人分 ■55.6km ■宮崎〜南郷 ■2両 ■2009年

車内
車内は「海幸」と「山幸」の2つの車両に分かれています。山幸のサービスカウンターには、宮崎県産のスギの木でできたおもちゃなどが展示されています。

特急ビフォーアフター

「海幸山幸」の車両は、廃線になった高千穂鉄道を走っていたTR400形を改造してつくられたものです。ほかにも「指宿のたまて箱」は普通列車として走っていたキハ47形を、「はやとの風」はキハ147形やキハ47形を、それぞれ改造してつくられました。九州の特急のいくつかの車両は、新しくつくるよりも安くて早くできあがる「リサイクル特急」なのです。

ビフォー　**アフター**

九州の特急列車

見てみよう！ **DVD** ご当地特急選手権西日本編

かわせみ やませみ キハ47形（JR九州）

2017年に登場した特急です。1号車の「かわせみ」では、外の景色を楽しむことができます。2号車の「やませみ」では、特製の駅弁やスイーツを食べることができます。🟥100km 🟧72人分 🟩87.5km 🟥熊本～人吉 🟦2両 🟦2017年

いさぶろう・しんぺい　キハ140形＋キハ47形（JR九州）

下り列車と上り列車で愛称がかわる、めずらしい特急です。人吉～吉松間は普通列車として走ります。下り列車が「いさぶろう」です。🟥95km 🟧88人分 🟩87.5km 🟥熊本～人吉 🟦2両 🟦2004年

ひゅうが　783系（JR九州）

「ひゅうが」は、宮崎県の昔の呼び方です。787系の列車も走っています。🟥110km 🟧280人分 🟩89.7km 🟥延岡～宮崎空港など 🟦5両 🟦2001年

> 783系は車両の中央部に乗降扉がある、めずらしいつくりなんだよ。

九州横断特急　キハ185系（JR九州）

九州のど真ん中を東へ西へ、大自然があふれる路線を走ります。短い2両編成の、かわいい列車です。🟥110km 🟧112人分 🟩110.2km 🟥阿蘇～別府 🟦2両 🟦2004年

有明　787系（JR九州）

有明海に沿って走ることから名づけられました。大牟田発のみの片道運転で、おもに博多で仕事をする人が利用しています。🟥130km 🟧340人分 🟩69.3km 🟥大牟田→博多 🟦7両 🟦1995年

DXグリーン

787系には、グリーン席よりももっとゆったりとしたごうかなDXグリーンがあります。1両にわずか3席しかないので、とても貴重です。

JR直方駅の前には「魁皇」の銅像もあるよ。地元から愛されているんだね。

きらめき　787系（JR九州）

DXグリーンやグリーン個室のついた
列車もあります。783系の列車も走っています。
🟥130km　🟧276人分　🟩78.2km　🟪門司港など～博多　⬛6両　🟦2000年

かいおう　783系（JR九州）

福岡県出身のお相撲さん「魁皇」が愛称の由来です。博多で
働く人のために朝と夜だけ走っています。🟥100km　🟧212
人分　🟩47.4km　🟪直方～博多　⬛4両　🟦2011年

きりしま　787系（JR九州）

観光客にも通勤客にも利用されています。783
系の列車も走っています。🟥100km　🟧193人分
🟩125.9km　🟪宮崎など～鹿児島中央など　⬛4両
🟦2011年

ゆふ　キハ185系（JR九州）

真っ赤な車体に銀色のラインが特ちょうです。
博多から大分県の温泉地まで乗客を運んでいま
す。🟥110km　🟧164人分　🟩189.3km　🟪博多～
別府など　⬛3両　🟦1992年

にちりん　787系（JR九州）

太陽を別の呼び方で「日輪」といいます。太陽の
光がよくあたる、九州の南部を走る特急にぴっ
たりの愛称です。🟥110km　🟧193人分　🟩213.0
km　🟪大分など～宮崎空港など　⬛4両　🟦2011年

にちりんシーガイア　783系（JR九州）

「シーガイア」は宮崎にあるリゾート施設の名前です。海岸線に
沿って九州の東側を走ります。昼間に走る特急のなかでは、いち
ばん走行距離が長いです。787系の列車も走っています。🟥130
km　🟧280人分　🟩413.1km　🟪博多～宮崎空港　⬛5両　🟦2000年

ホテルのようにごうかな列車
ななつ星 in 九州

「ななつ星 in 九州」は、ごうかな車内で時間をすごし、九州をめぐる旅を楽しむことが目的の列車です。列車なのに、ホテルのようにごうかな部屋に泊まることができて、食事をする場所や音楽を楽しむスペースもあります。車内には「クルー」と呼ばれる専用の案内役もいて、快適な旅になるようサポートしてくれます。

DXスイート（Bタイプ）

もっともごうかな部屋は「DXスイート」です。AタイプとBタイプの2種類があります。

▲「DXスイート（Bタイプ）」の寝室です。ふかふかのベッドが2台あります。

▲部屋ごとに専用のトイレとシャワーもついています。

コース例

九州各地の自然や食事などを楽しむためのコースを走ります。コースは時期によってかわり、ときには列車を降りて温泉や観光地で旅を楽しむこともできます。

3泊4日コース

1日目	①
2日目	②
3日目	③
4日目	④

門司港
① 門司港駅 12:45頃着
① 門司港駅 14:30頃発

③ 別府駅 11:00頃発
※由布院駅から別府駅まではバスで移動します

博多
① 博多駅 11:20頃発
④ 博多駅 17:30頃着

別府

由布院
② 由布院駅 14:30頃着

大分

阿蘇
① 阿蘇駅 24:00頃着
② 阿蘇駅 10:00頃発

人吉

③ 鹿児島中央駅 23:15頃着
④ 鹿児島中央駅 4:40頃発

鹿児島
鹿児島中央

南宮崎

列車から降りて目的の観光地に向かう専用のバスもあります。

SEVEN STARS IN KYUSHU

見てみよう！
DVD 超豪華クルーズトレイン

50

車内マップ

ピアノ
1号車
バーカウンター
2号車
3号車
4号車
5号車
6号車
7号車

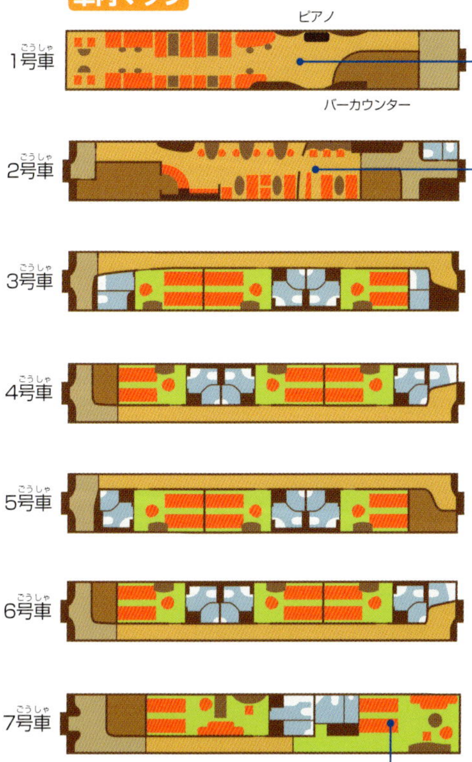

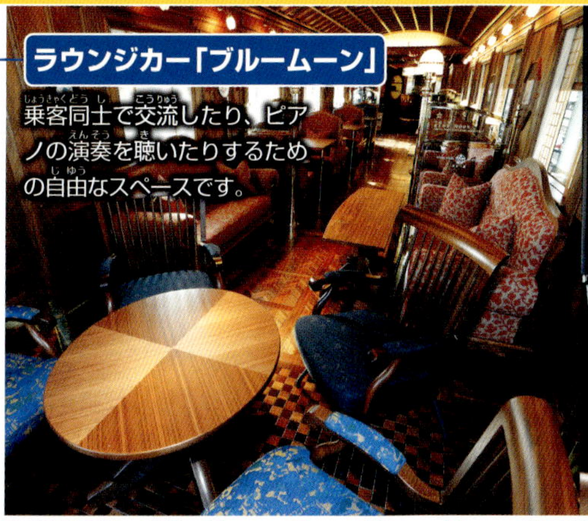

ラウンジカー「ブルームーン」

乗客同士で交流したり、ピアノの演奏を聴いたりするための自由なスペースです。

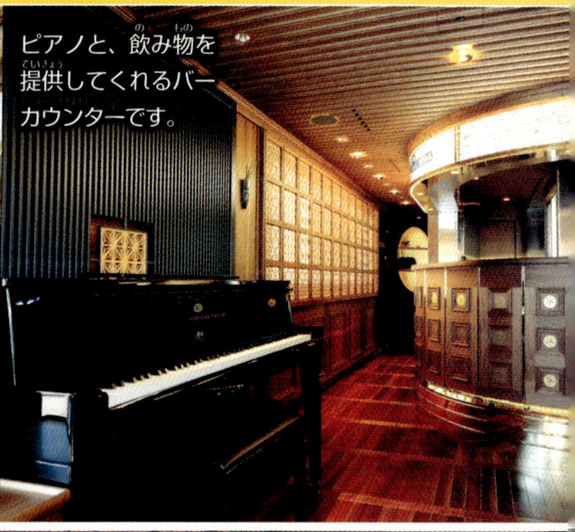

ピアノと、飲み物を提供してくれるバーカウンターです。

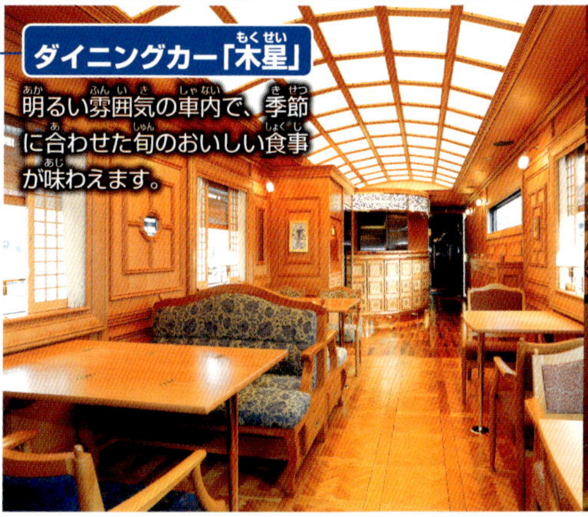

ダイニングカー「木星」

明るい雰囲気の車内で、季節に合わせた旬のおいしい食事が味わえます。

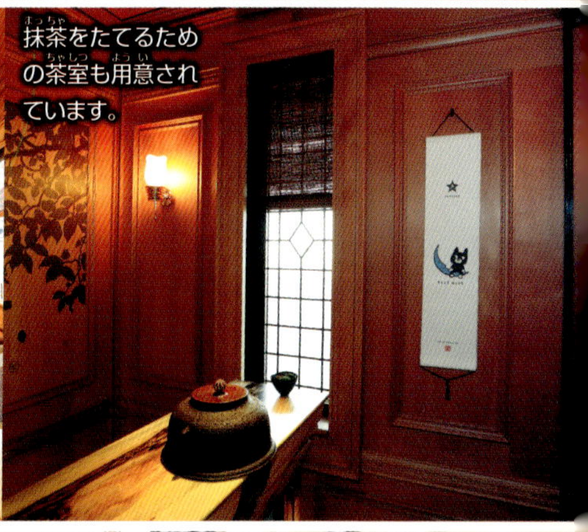

抹茶をたてるための茶室も用意されています。

SEVEN STARS IN KYUSHU

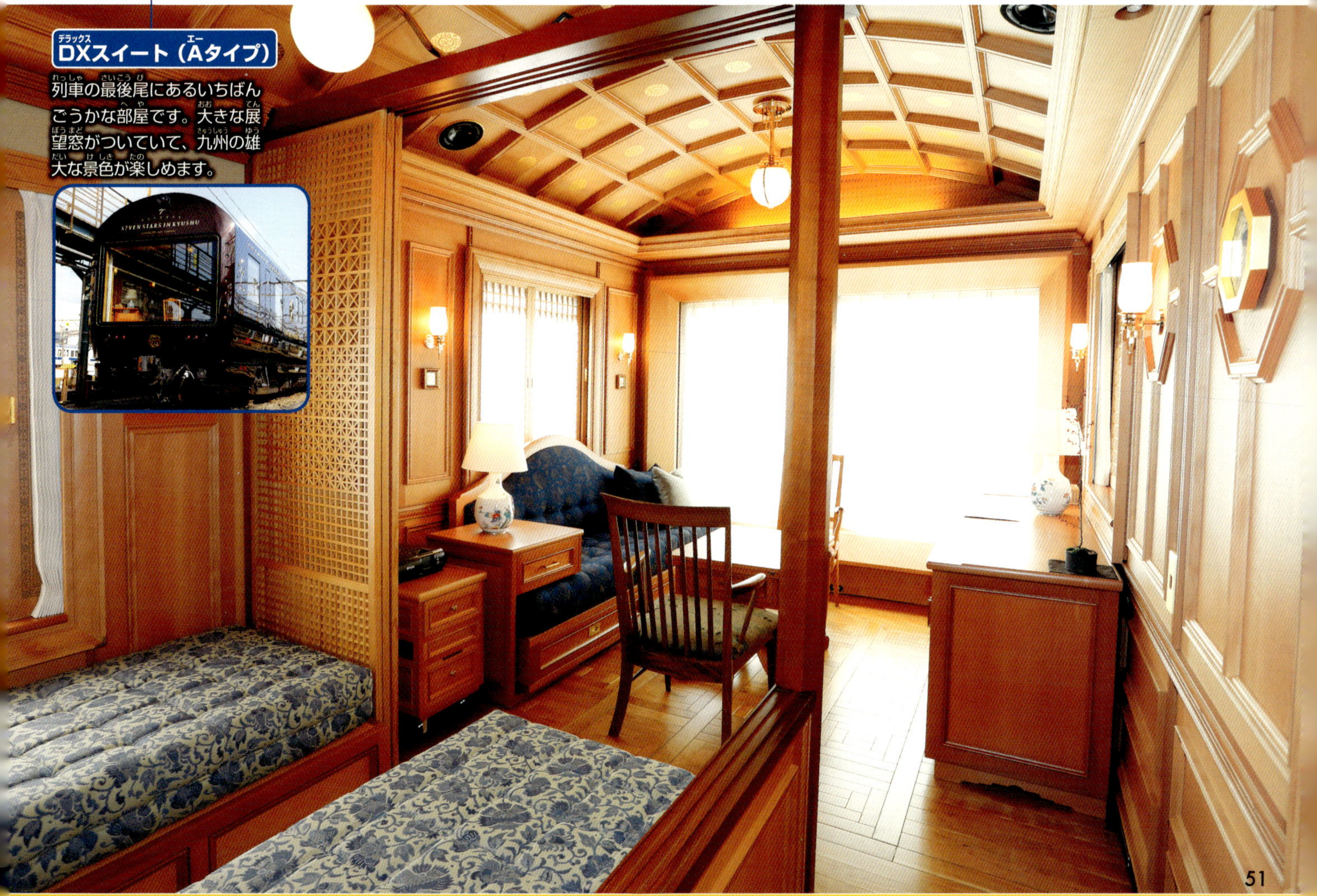

DXスイート（Aタイプ）

列車の最後尾にあるいちばんごうかな部屋です。大きな展望窓がついていて、九州の雄大な景色が楽しめます。

中国・四国の特急列車

レイルマンやまさきのポイント

中国地方の特急は、南側の山陽地方と北側の山陰地方を結ぶことが大きな役割で、温泉街や観光地をかけぬけます。四国は瀬戸内海と太平洋に囲まれた地域で、海沿いや山の風光明媚なところを特急列車が走ります。

■最高時速 ■座席数 ■走行距離 ■おもな運行区間 ■編成 ■車両の登場年

うずしお　2700系（JR四国）

鳴門海峡には、渦をまくめずらしい流れがあって、「渦潮」と呼ばれています。これが愛称の由来です。2600系やN2000系、185系も使用され、土曜・休日は「ゆうゆうアンパンマンカー」を連結した列車も走ります。🟥130㎞　🟧98人分　🟩74.5㎞　🟥高松など～徳島　🟦2両　🟦2019年

2700系のほかに、2600系（写真上）やN2000系（写真下）で走る列車もあります。

▲8000系の「いしづち」です。

▲8000系は「アンパンマン列車」で走る列車もあります。

E11

8751

SHIKOKU RAILWAY COMPANY

いしづち　8600系（JR四国）

ほとんどの列車が宇多津や多度津から松山まで「しおかぜ」と連結して走ります。8000系で走る列車もあります。■130km ■101人分 ■194.4km ■高松〜松山 ■2両 ■2014年

剣山　キハ185系（JR四国）

四国を代表する剣山という山からこの愛称がつけられました。「ゆうゆうアンパンマンカー」が連結された列車は、おもに土曜・休日に走っています。
■110km ■124人分 ■74.0km ■徳島〜阿波池田 ■2両 ■1996年

プレイルーム

▲「ゆうゆうアンパンマンカー」の車内には、アンパンマンがいっぱいいる「プレイルーム」があります。クッションがあったりトンネルをくぐれたり、いろんな遊びができます。

「ゆうゆうアンパンマンカー」の指定席券がないとプレイルームで遊ぶことができないよ。

四国に「アンパンマン」の列車があるのは、作者のやなせたかし氏が高知県と縁が深いからだよ。

宇和海　2000系（JR四国）

「しおかぜ」「いしづち」が到着する松山駅の同じホームの、すこし先から出発するので、乗りかえが楽です。みかん畑や海のそばを走ります。🟥120km 🟧172人分 🟩96.9km 🟦松山～宇和島 🟪3両 🟦1993年

しまんと　2000系（JR四国）

高知県を流れるきれいな四万十川が愛称の由来です。2700系を使用して走る列車もあります。🟥120km 🟧98人分 🟩159.3km 🟦高松～高知など 🟪2両 🟦1991年

▲「南風」の「アンパンマン列車」では、1号車のアンパンマンシートに乗ってみましょう。パン工場の中をイメージした楽しい空間が待っています。

南風　2700系（JR四国）

DVD ご当地特急選手権西日本編 🔍見てみよう！

2700系の車両は「振り子式」のディーゼルカーです。2000系のディーゼルカーで運転される列車もあります。🟥130km 🟧134人分 🟩179.3km 🟦岡山～高知など 🟪4両 🟦2019年

あしずり　2000系（JR四国）

土佐くろしお鉄道に乗り入れもおこなっています。太平洋を望む絶景で有名な足摺岬から名づけられました。「アンパンマン列車」が人気です。🟥120km 🟧104人分 🟩115.1km 🟦高知～中村など 🟪2両 🟦1993年

DVD ご当地特急選手権西日本編 🔍見てみよう！

8600系の先頭部の黒い大きな円は蒸気機関車をイメージし、力強さも表現しているんだ。

しおかぜ　8600系（JR四国）

8600系にはカーブでもあまり速度を落とさず走れるよう、車体を空気の力でかたむける「車体傾斜装置」が取りつけられています。8000系電車には「アンパンマン列車」もあります。🟥130km 🟧254人分 🟩214.4km 🟦岡山～松山 🟪5両 🟦2016年

アンパンマンの列車と弁当

高松駅や高知駅、「瀬戸大橋アンパンマントロッコ号」などではアンパンマンをモチーフにした弁当が販売されています。「アンパンマン弁当」はかわいい水筒つきで、「げんき100ばい！アンパンマン弁当」は容器がアンパンマンの顔になっています。

むろと　キハ185系（JR四国）

国鉄時代からかつやくしているキハ185系という車両を使用しています。徳島県内を走りますが、高知県の室戸岬が愛称の由来です。■110km　■124人分　■67.7km　■徳島〜牟岐　■2両　■1999年

ミッドナイトEXP高松　8000系（JR四国）

深夜に高松駅を出発する、下りのみの特急列車です。土曜日は2000系ディーゼルカーで運転されます。■130km　■281人分　■114.3km　■高松→伊予西条　■5両　■2018年

モーニングEXP松山　8000系（JR四国）

松山で仕事をする人が通勤するときに乗れるように、朝はやAくAに走ります。特急券を買えば定期券でも乗れる便利な特急です。■130km　■168人分　■91.3km　■新居浜→松山　■3両　■2014年

モーニングEXP高松　8000系（JR四国）

おもに朝、高松に通勤する人のための特急で、全席が自由席です。日曜日は2000系ディーゼルカーで運転されます。■130km　■281人分　■114.3km　■伊予西条→高松　■5両　■2018年

ミッドナイトEXP松山　8000系（JR四国）

「ミッドナイト」は深夜という意味です。夜おそくに松山を出発する列車が1日に1本だけ運転されます。■130km　■168人分　■91.3km　■松山→新居浜　■3両　■2001年

スーパーおき　キハ187系（JR西日本）

「振り子式」の車両を使用したディーゼル特急です。山陰の各地と山陽の新山口を結んでいます。■120km
■118人分　■378.1km　■鳥取など〜新山口　■2両　■2001年

見てみよう！ DVD ご当地特急選手権西日本編

やくも　381系（JR西日本）

座席の座りごこちがよく「ゆったりやくも」とも呼ばれています。先頭車両がパノラマ型の列車なので眺めがよく、とても人気があります。■120km
■206人分　■220.7km　■岡山〜出雲市　■4両　■2007年

スーパーいなば　キハ187系（JR西日本）

智頭急行という第三セクターの線路に乗り入れて走るのが特ちょうです。鳥取県の東部の昔の呼び方「因幡」から名づけられました。
■120km　■112人分　■141.8km　■岡山〜鳥取　■2両　■2003年

見てみよう！ DVD ご当地特急選手権西日本編

スーパーまつかぜ　キハ187系（JR西日本）

山陰地方の海岸線を、「振り子式」の車両の特ちょうを生かして、かけぬけます。鳥取県と島根県を高速で結ぶ役割を担っています。■120km　■118人分　■284.2km　■鳥取〜益田など　■2両　■2003年

見てみよう！ DVD ご当地特急選手権西日本編

スーパーはくと　HOT7000系（智頭急行）

日本の神話「因幡の白兎」が愛称の由来です。智頭急行という第三セクターの特急で、快適な旅が楽しめるさまざまな設備が人気です。
■130km　■248人分　■293.3km　■京都〜倉吉など　■5両　■1994年

展望席

先頭車両の展望席に座れば迫力満点で、運転士の気分が味わえます。

普通車自由席

座席のヘッドカバーには、沿線の観光地がプリントされています。

テレビ

各車両の端には前面展望が映しだされるテレビがついています。

海を渡る列車の道
瀬戸大橋線

本州と四国のように陸地がつながっていないところを行き来するには、海を渡らなければなりません。「瀬戸大橋」には、列車のための専用道があり、中国・四国の特急列車は、瀬戸大橋線を走って本州と四国を結んでいます。このような鉄道橋のしくみは、188～189ページでくわしく説明されています。

瀬戸大橋6橋

「瀬戸大橋」とは、下の6つの橋を合わせて呼ぶときの愛称です。

櫃石島橋	与島橋	南備讃瀬戸大橋
下津井瀬戸大橋	岩黒島橋	北備讃瀬戸大橋
1400m	790m 790m 850m	1538m 1648m

本州側 ・・・ 四国側

「瀬戸大橋線」は愛称で、「宇野線」「本四備讃線」「予讃線」の一部区間を走って、岡山～高松を結ぶよ。

しおかぜ　8000系（JR四国）
→55ページ

南風
2000系（JR四国）
→55ページ

瀬戸大橋線を走る
特急「南風」です。

「南風」の運転席からの
眺めです。

海を渡るもうひとつの鉄道

宮島フェリーの「みせん丸」です。

海を渡る鉄道には、橋やトンネルのほかに、「鉄道連絡船」があります。鉄道連絡船とは、海や河川、湖などの両岸の鉄道に接続して定期的に運航する船のことです。鉄道連絡船の路線は、かつては日本全国にありましたが、いまでは広島の宮島口〜宮島を結ぶ「宮島フェリー」と、和歌山港〜徳島港を結ぶ「南海フェリー」の2路線のみが運航しています。

近畿の特急列車

レイルマンやまさきのポイント

近畿地方はJRのほかに、近畿日本鉄道と南海電気鉄道の私鉄特急がたくさん走っています。関西国際空港へ向かう列車や、寺や神社がある観光地へ向かう列車、都市と都市を結ぶビジネス用の列車など、さまざまな役割をもっています。

見てみよう！
DVD ご当地特急選手権西日本編

くろしお　287系（JR西日本）

京阪神と南紀方面とを結ぶ観光特急という役割を担っています。283系や289系の列車も走っています。■130km ■360人分 ■181.3km
■新大阪など～白浜など ■6両 ■2012年

683系を改造した289系で運転される列車もあります。

展望ラウンジ

◀283系は「オーシャンアロー」とも呼ばれています。景色が楽しめる「展望ラウンジ」もついています。

■最高時速　■座席数　■走行距離　■おもな運行区間　■編成　■車両の登場年

福知山
米原
京都
名古屋
大阪
奈良
松阪
関西空港
難波
和歌山
賢島
新宮

287系の1号車の車両記号は「クモロハ」というめずらしい表記だよ。

（ワイドビュー）南紀　キハ85系（JR東海）

海沿いの風景がすてきな紀勢本線を走るので、窓が大きくつくられています。紀伊半島の南部に向かうため、その呼び名の「南紀」が愛称になりました。■120㎞　■234人分　■246.0㎞　■名古屋〜紀伊勝浦など　■4両　■1992年

近畿の特急列車

▲関西国際空港へ行くときには、長い連絡橋を通ります。

見てみよう！
DVD ご当地特急選手権西日本編

はるか　281系（JR西日本）

関西空港までのアクセス特急です。飛行機に乗って海外旅行などをする人のために、大きな荷物をおいておく場所があります。271系と連結して走る列車もあります。🔴130km 🟧248人分 🟩99.5km 🟥京都など～関西空港 🟪6両 🟦1994年

見てみよう！
DVD ご当地特急選手権西日本編

サンダーバード　683系（JR西日本）

北陸地方を走る代表的な特急です。運転本数が多いので、ビジネスにも観光にもはば広く利用されています。🔴130km 🟧546人分 🟩267.6km 🟥大阪～金沢など 🟪9両 🟦2015年

夜出発する「びわこエクスプレス」2号は草津行き。車両はキハ189系を使用しているよ。

びわこエクスプレス　683系（JR西日本）

朝は大阪に着いて、夜に大阪を出発するという、大阪で働く人のための特急です。土曜日と休日は走っていません。🔴130km 🟧546人分 🟩110.5km 🟥大阪～米原 🟪9両 🟦2015年

はまかぜ　キハ189系（JR西日本）

キハ189系は、一部の座席にはコンセントがついています。瀬戸内海と日本海の2つの海が見られます。🔴130km 🟧156人分 🟩264.9km 🟥大阪～鳥取など 🟪3両 🟦2010年

🔴最高時速 🟧座席数 🟩走行距離 🟥おもな運行区間 🟪編成 🟦車両の登場年

こうのとり
289系（JR西日本）

国の特別天然記念物であるコウノトリの生息地が沿線にあることから名づけられました。287系で走る列車もあります。 🟥130km 🟧223人分 🟩187.5km 🟥新大阪〜城崎温泉など 🟪4両 🟦2011年

まいづる　287系（JR西日本）

京都から綾部の間は「きのさき」や「はしだて」と連結しています。綾部で進行方向をかえて走ります。 🟥130km 🟧178人分 🟩102.6km 🟥京都〜東舞鶴 🟪3両 🟦2011年

たんごリレー　KTR8000型
（WILLER TRAINS）

第三セクターの北近畿タンゴ鉄道を引きつぎ、2015年3月に誕生したWILLER TRAINSの特急です。福知山で「きのさき」や「こうのとり」との乗りかえが便利なことから、愛称に「リレー」とついています。 🟥120km 🟧100人分 🟩61.2km 🟥福知山〜網野など 🟪2両 🟦2015年

◀WILLER TRAINSのKTR8000型を使用した列車もあります。

はしだて　287系（JR西日本）

日本三景のひとつ「天橋立」へ観光客を送り届けるのがおもな役割です。 🟥130km 🟧220人分 🟩123.3km 🟥京都〜天橋立 🟪4両 🟦2011年

きのさき　287系（JR西日本）

ビジネスから観光まで、さまざまな乗客が使っています。289系で走る列車もあります。 🟥130km 🟧220人分 🟩88.5km 🟥京都〜福知山など 🟪4両 🟦2011年

らくラクはりま　289系（JR西日本）

おもに大阪で働く人を乗せる特急で、朝は大阪に向かい、夜は家に帰る人を乗せて大阪を出発します。 🟥130km 🟧351人分 🟩87.9km 🟥大阪〜姫路 🟪6両 🟦2019年

しまかぜ　50000系 (近畿日本鉄道)

シャープな先頭形状と躍動感ある外観が特ちょうの新型特急です。伊勢志摩の晴れやかな空をイメージしたブルーと白のカラーリングもきれいです。京都・大阪難波・近鉄名古屋と賢島を結んでいます。■130km ■138人分 ■195.2km ■京都など〜賢島 ■6両 ■2013年

展望車両

床を高くしたハイデッカーの先頭車両では、大きなガラス窓で迫力ある展望が楽しめます。

プレミアムシート

すべての座席が3列のプレミアムシート。本革でできた座席の間隔は私鉄の車両のなかでいちばん広く、ゆったりと座れます。

見てみよう！
DVD ご当地特急選手権西日本編

カフェ車両 (2階)

沿線の名店でも売られているスイーツや地元の食材を使ったメニューが味わえます。すべての座席が窓に向いているため、景色を眺めながらくつろげます。

ピラフ

いちばん人気の「海の幸ピラフ」は伊勢の海の幸をふんだんに使っています。

カフェ車両 (1階)

1階はソファタイプなので、ゆっくり落ち着いて食事ができます。

地元のみかんをたっぷり使った「五ヶ所のみかんジュース」がおいしいよ。

洋風個室

モニターで映像を楽しみながら、アテンダントによるカフェサービスもうけられます。和風の個室もあります。

■最高時速　■座席数　■走行距離　■おもな運行区間　■編成　■車両の登場年

伊勢志摩ライナー　23000系（近畿日本鉄道）

あざやかなサンシャインレッドがまぶしい、きれいな海岸線を走る特急です。リゾート気分をたっぷり味わえます。
■130km　■273人分　■144.8km　■近鉄名古屋など〜賢島
■6両　■1994年

列車の最前方と最後方にある「パノラマデッキ」からは、運転席や景色が楽しめるよ。

▲外観の塗装が黄色の車両もあります。

デラックスカー
落ち着いた3列のシートが並んだごうかな車両です。フットレストもそなえています。

サロンカー
4人席や2人席があって、家族連れや友達同士の旅にピッタリです。

車内装飾
ゴージャスな雰囲気を楽しんでもらうため、伊勢志摩の特産である真珠でできた装飾品が設置してあります。

アーバンライナー next　21020系（近畿日本鉄道）

大阪と名古屋・奈良を結ぶ特急に使われています。デラックスカーはそれぞれが独立した1人がけシートなので、とてもゆったり座れます。■130km　■302人分　■189.7km　■大阪難波〜近鉄名古屋など　■6両　■2003年

アーバンライナー plus　21000系（近畿日本鉄道）

古くなった「アーバンライナー」を大改造して誕生しました。座席の改良がされて、バリアフリーにも対応し、快適な車内になりました。■130km　■306人分　■189.7km　■大阪難波〜近鉄名古屋など　■6両　■1988年

ビスタEX 30000系（近畿日本鉄道）

中間車の2両が2階建てになっています。2階席は窓が大きく、眺めがすばらしいので気持ちがいいです。■120km ■280人分 ■176.9km ■大阪難波など〜賢島など ■4両 ■1996年

1階席
1階席は個室のようになっています。3人以上のグループにはうってつけです。

車内通路
2階建て車両の中央に乗降口があって、1階席と2階席は階段でつながっています。

Ace 22600系（近畿日本鉄道）

まるみのある顔が特ちょうの特急は「Ace」と呼ばれ、4種類の車両があります。■130km ■206人分 ■39.0km ■京都など〜近鉄奈良など ■2両 ■2009年

Ace 16600系（近畿日本鉄道）

ほかの近鉄の路線よりも線路のはばがせまい、南大阪線や吉野線を走る「Ace」です。■110km ■95人分 ■64.9km ■大阪阿部野橋〜吉野 ■2両 ■2016年

さくらライナー 26000系（近畿日本鉄道）

桜の景観がすばらしい吉野に向かう特急です。運転席後ろの展望スペースからの眺めは最高！■110km ■180人分 ■64.9km ■大阪阿部野橋〜吉野 ■4両 ■1990年

「さくらライナー」も、近鉄の路線のなかでは軌間がせまいところ（1067mm）を走るよ。

■最高時速 ■座席数 ■走行距離 ■おもな運行区間 ■編成 ■車両の登場年

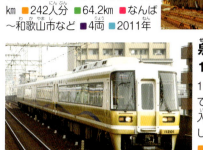

サザン・プレミアム 12000系（南海電気鉄道）

従来の「サザン」をより快適にしたのが「サザン・プレミアム」です。全席にコンセントやテーブル、フットレストがついています。🚄110km 🟧242人分 🟩64.2km 🟥なんば〜和歌山市など 🟪4両 🟦2011年

▲30000系も赤と白のカラーリングです。

こうや 31000系（南海電気鉄道）

有名な寺がある高野山に向かう特急です。急な山道もスイスイ登れるように、すべての車両にモーターがついています。🚄110km 🟧210人分 🟩63.6km 🟥なんば〜極楽橋 🟪4両 🟦1999年

泉北ライナー 11000系（南海電気鉄道）

11000系は高野線専用の特急車両です。現在は泉北高速鉄道線に乗り入れて、朝夕と夜に走る通勤特急としてかつやくしています。🚄110km 🟧248人分 🟩27.7km 🟥なんば〜和泉中央 🟪4両 🟦2015年

鉄人ラピート!?

「ラピート」の先頭部は躍動感やスピード感を強調した、とてもユニークなスタイルです。どことなく昔のアニメの「鉄人28号」に似ている!?

スーパーシート

3列なので、とてもゆったりとくつろげます。まるい窓も「ラピート」の特ちょうです。

関西空港へ向かうならJRの「はるか」か、南海の「ラピート」。きみならどちらに乗りたい？

DVD 見てみよう！ ご当地特急選手権西日本編

ラピート 50000系（南海電気鉄道）

「ラピート」とはドイツ語で「速い」という意味です。力強さとスピード感あふれる顔がとってもかっこいい。🚄120km 🟧252人分 🟩42.8km 🟥なんば〜関西空港 🟪6両 🟦1994年

たくさんの車両が集まる
鉄道博物館

鉄道博物館

京都鉄道博物館は、鉄道専門の博物館です。新幹線・蒸気機関車などの約50両の展示車両、「SLスチーム号」への体験乗車、鉄道のしくみを学べる体験展示など、さまざまな見どころがあります。

京都鉄道博物館
kyoto railway museum

車両展示スペース

JR西日本でかつやくした車両を中心に、たくさんの車両が展示されています。

車両を下から見ることができるように展示されているものもあります。

プロムナード

入り口から本館に入るまでの道（プロムナード）は、駅のプラットホームをイメージしてつくられています。

SL乗車体験

毎日かかさず蒸気機関車を運行する取りくみは、博物館としては日本でゆいいつの試みです。

扇形庫

扇の形をしたSL用の機関車庫です。たくさんのSLがずらりと並びます。

車両の運び入れや再塗装

各地に保存されたたくさんの車両を展示するために、工場などで車両の補修や再塗装をします。それから、線路や一般の道路を使って車両の運び入れをします。

車両の運び入れ

一般の自動車道で博物館まで運ばれます。

車両の再塗装

塗装が古くなってしまった車両を塗りなおします。

車の荷台へ積んだり降ろしたりするときは、クレーン車を使います。

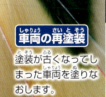

新幹線の100系と500系が船で運ばれています。

車両の補修

いたんだ部分を新しい金属で補修します。

69

中部の特急列車

中部の特急列車

レイルマンやまさきのポイント

中部地方の特急列車は、景色がよく見えるように窓を大きくした車両がたくさん走っています。また、山沿いの私鉄にはJRや大手私鉄を引退した車両がリニューアルされて走っており、第二の人生を歩んでいます。

見てみよう！
DVD ご当地特急選手権西日本編

（ワイドビュー）ひだ　キハ85系（JR東海）

窓が大きく視界が広いことから「ワイドビュー」という名前がつきました。強力なエンジンを積んでいるので、急な山道でも速度を落とさずに走れます。乗客が多い時期には、写真のように連結する車両を増やして走ります。🟥120㎞ 🟧230人分 🟩166.7㎞ 🟥名古屋など～高山など 🟪4両 🟦1989年

グリーン車

一部の列車は先頭車両にグリーン車があります。座席が大きく、3列でゆったりとしており、運転席ごしに前方の展望が楽しめます。

🟥最高時速 🟧座席数 🟩走行距離 🟥おもな運行区間 🟪編成 🟦車両の登場年

見てみよう！

DVD ご当地特急選手権西日本編

（ワイドビュー）しなの　383系（JR東海）

くねくねと曲がる山道を走るので、カーブに強い「振り子式」の車両を使っています。窓が大きく眺めがよいので、景色を楽しめます。■130km　■355人分　■250.8km　■名古屋〜長野　■6両　■1996年

写真の区間は飛騨金山〜焼石の間です。座席はA席を選んで、飛騨川の景色を楽しもう。

金沢　富山　長野
福井　高山　松本
名鉄岐阜　甲府
名古屋
中部国際空港

（ワイドビュー）伊那路
373系（JR東海）

渓谷がきれいな天竜川のそばを走ります。大型のテーブルがついた個室のような「セミコンパートメント」という座席もあります。■85km ■179人分 ■129.3km ■豊橋〜飯田 ■3両 ■1996年

車内販売がないので、天竜川を眺めながら駅弁を楽しみたいのなら、乗車前に買っておこう。

富士山を眺めたいのであれば、座席はD席がよいでしょう。あとは晴れることをいのります。

（ワイドビュー）ふじかわ
373系（JR東海）

富士川の急流に沿って静岡県と山梨県を結んでいます。世界遺産に登録された富士山の眺めも最高です。■110km ■179人分 ■122.4km ■静岡〜甲府 ■3両 ■1995年

しらさぎ
681系（JR西日本）

中部地方と北陸地方を結ぶ特急です。米原駅にとまるので、東海道新幹線とスムーズに乗りかえができます。■130km ■354人分 ■256.5km ■名古屋など〜金沢 ■6両 ■2015年

■最高時速 ■座席数 ■走行距離 ■おもな運行区間 ■編成 ■車両の登場年

能登かがり火　683系（JR西日本）

北陸新幹線の金沢開業と同時に誕生した新しい特急です。「ダイナスター」と同じく、681系や683系で運転しています。金沢で北陸新幹線や「サンダーバード」「しらさぎ」と接続しています。■110km ■354人分 ■71.0km ■金沢〜和倉温泉 ■6両 ■2015年

ダイナスター　681系（JR西日本）

福井県では恐竜の化石がたくさん発見されていることから、「恐竜」という意味の英語「ダイナソー」と、地元の期待をこめた「スター」を組み合わせた愛称がつけられました。■130km ■354人分 ■76.7km ■福井〜金沢 ■6両 ■2015年

おはようエクスプレス　681系（JR西日本）

敦賀から金沢へ通勤する人に向けた、朝の通勤時間帯にだけ走るビジネス特急です。そのため土曜や休日には運転されていません。■130km ■178人分 ■130.7km ■敦賀→金沢 ■3両 ■2001年

681系と683系は、2種類の顔があるよ。側面の細いオレンジ色のラインで形式を見分けてね。

おやすみエクスプレス　683系（JR西日本）

「おはようエクスプレス」とは逆に、金沢から敦賀に帰る人に向けた特急です。全部の座席が自由席です。■130km ■182人分 ■130.7km ■金沢→敦賀 ■3両 ■2003年

しらゆき　E653系（JR東日本）

北陸新幹線が金沢まで開業した2015年3月に登場した特急です。「いなほ」と同じように「フレッシュひたち」として使用されていた車両をリニューアルして走っています。■120km ■268人分 ■146.7km ■上越妙高など〜新潟 ■4両 ■2015年

見てみよう！
DVD ご当地特急選手権東日本編

外観は「空と海」から連想される「青と白と水の透明感」がコンセプトなんだって。

ハイデッカー展望席は豊橋側の車両にしかないので、見たい景色を考えてきっぷを買おう。

中部の特急列車

見てみよう！
DVD ご当地特急選手権西日本編

ミュースカイ　2000系（名古屋鉄道）

中部国際空港セントレアの開港に合わせて登場しました。青と白と黒の斬新なデザインで、名古屋と中部国際空港を最速28分で結びます。■120km　■181人分　■69.4km　■新鵜沼など～中部国際空港など　■4両　■2005年

パノラマsuper　1000系（名古屋鉄道）

ハイデッカー展望席や回転リクライニングシートが人気の特急です。6両編成のうち4両は1200系で、特急料金のいらない一般席の車両です。■120km　■110人分　■99.8km　■豊橋など～名鉄岐阜など　■2両　■1988年

特別車特急　1700系（名古屋鉄道）

先頭車両は黒と白、赤のカラーリングが特ちょう的です。ミューチケット（特別車両券）のいらない2300系と連結して走っています。■120km　■99人分　■71.1km　■名鉄岐阜など～中部国際空港　■2両　■2008年

特別車特急　2200系（名古屋鉄道）

中部国際空港へアクセスする特急です。6両編成で運転され、そのうちの2両が2200系で、ミューチケット（特別車両券）が必要な特別車両です。■120km　■91人分　■69.4km　■新鵜沼など～中部国際空港　■2両　■2005年

スノーモンキー　2100系（長野電鉄）

もともとはJR東日本で「成田エクスプレス」として走っていた車両です。車体には大きなサルの絵がえがかれ、「Spa猿～ん」という4人用個室が好評です。■90km　■134人分　■33.2km　■長野など～湯田中など　■3両　■2011年

ゆけむり　1000系（長野電鉄）

小田急電鉄でロマンスカーとして走っていた「HiSE」という車両を使用しています。展望席も自由席なので人気が高いです。■90km　■180人分　■33.2km　■長野など～湯田中など　■4両　■2006年

■最高時速　■座席数　■走行距離　■おもな運行区間　■編成　■車両の登場年

フリースペース

2号車には、窓に向いたカウンター席、カップルシート、コンパートメントシート、ベンチシートなどさまざまな座席があります。

サービスコーナー

2号車にあるサービスコーナーでは、地元の飲み物や車内限定グッズなどを販売しています。

自由席（1・3号車）

1号車と3号車は自由席で、3号車には子供用のハイデッキシートがあります。

アルプスエキスプレス　16010形（富山地方鉄道）

大自然との調和をモチーフにつくられた観光列車です。木がたくさん使われている車内が特ちょうで、あたたかみと高級感にあふれています。🚃95km
■127人分　■67.7km　宇奈月温泉など〜立山など　■3両　■2011年

うなづき　14760形（富山地方鉄道）

黄色と緑のツートンカラーの車両です。富山県の鳥であるライチョウをイメージしたカラーリングの車両も走っています。🚃95km　■88人分　■53.3km　■電鉄富山〜宇奈月温泉　■2両　■1980年

ダブルデッカーエキスプレス　10030形（富山地方鉄道）

美しいアルプスの山々を2階建て車両から見ることができます。車内でテレビを見ることのできるテレビカーもあります。🚃95km　■165人分　■34.0km　■電鉄富山〜立山　■3両　■2013年

第二の人生を歩む車両

地方の私鉄では、かつてJRや大手私鉄で走っていた車両をゆずりうけて走らせている会社があります。「ダブルデッカーエキスプレス」（富山地方鉄道）は元・京阪電気鉄道の3000系が、「フジサン特急」（富士急行）は元・小田急電鉄の20000形がリニューアルされたもので、それぞれ第二の人生を歩んでいます。

京阪電気鉄道で走っていたころの3000系。

富士急行には元・JR東海の371系「あさぎり」をリニューアルした車両も走っているよ。

フジサン特急　8000系（富士急行）

先頭車両には大きく口をあけた富士山の絵がえがかれているほか、車体のいろいろなところにキャラクターがえがかれていて、見ているだけでも楽しい特急です。
■60km　■160人分　■26.6km　■大月〜河口湖　■3両　■2014年

未来の超特急
超電導リニアモーターカー

磁石の力(磁力)を利用して動く「リニアモーターカー」の技術は、いくつかの路線で使われていますが、新幹線をこえる速度で走る「超電導リニアモーターカー」は日本ではまだ営業運転をしていません。1997年から高速リニアモーターカーの走行試験がはじまった「山梨リニア実験線」では、2027年のリニア中央新幹線開業をめざして、実験走行がくりかえされています。

超電導リニアモーターカー

約**40**分　東京(品川)

名古屋

東京～名古屋ルート
リニア中央新幹線が通る予定の路線です。このルートが完成すると、最短40分ほどで東京と名古屋を結ぶことができます。

超電導リニアモーターカーのしくみ

山梨県で実験されている超電導リニアモーターカーは、最高時速600km以上で走ることができます。もっとも特ちょう的なのは、超電導磁石がうめこまれた車両と、専用のガイドウェイ(軌道)です。これらのしくみを見てみましょう。

液体ヘリウム
超電導コイルを冷やすために液体ヘリウムが入っています。

案内車輪
低速で走るときは浮かないので、補助のためについています。

断熱材
コイルがあたたまらないようにするためについています。

超電導コイル
特別な金属を1000回以上まいたコイルです。このコイルをマイナス269℃に冷やすことで、「超電導」状態になります。この状態のコイルに電流を流すと電流が流れつづけて、強力な磁力を生みだします。

推進コイル
走ってきた車両に合わせて、その部分にだけ電流を流すと電磁石になります。前に進むための力を生みます。

浮上・案内コイル
車両を宙に浮かせたり、ガイドウェイの中央を走るようにするはたらきがあります。

推進コイルのしくみ

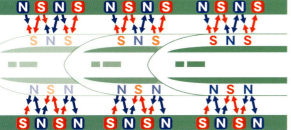

浮上・案内コイルのしくみ

引きあう

反発しあう

磁石にはN極とS極があり、同じ極同士は反発しあい、ちがう極同士は引きあいます。超電導リニアモーターカーでは、そのしくみを利用して、「浮上・案内コイル」で車両を10cmほど宙に浮かせています。また、高速で走るときには「推進コイル」を利用して、強力な推進力を得ています。

関東の特急列車

レイルマンやまさきのポイント

多くの人が行き来する関東の特急列車は、通勤で利用されるものから、空港へのアクセス、海や山に遊びに行く人が乗る観光特急まで、さまざまな目的の列車があります。毎日それぞれの特急が、都市や観光地などを走っています。

いわき
日光
前橋
にっこう
甲府
新宿
東京
成田空港
銚子
伊東
館山

DVD **ご当地特急選手権東日本編**

あずさ E353系（JR東日本）

カーブが多い山の区間でもスピードをあまり落とさずに走れるように、空気の力で車体をかたむけて曲がる「空気ばね式車体傾斜装置」がついた特急です。すべての座席にコンセントがついています。■130km ■674人分 ■225.1km ■新宿など～松本など ■12両 ■2017年

かいじ E353系（JR東日本）

「あずさ」にくらべ、停車する駅が多い特急です。「甲斐」というのは昔の山梨県の呼び方で、そこへ向かう道を「甲斐路」と呼んだことから、この愛称がつけられました。■130km ■524人分 ■123.8km ■新宿など～甲府など ■9両 ■2018年

はちおうじ E353系（JR東日本）

東京の都心方面で働く人のための特急で、朝に八王子を出発して東京に着き、夕方や夜に東京を出発して八王子へ向かいます。■100km ■674人分 ■47.4km ■東京～八王子 ■12両 ■2019年

おうめ E353系（JR東日本）

「はちおうじ」と同じく、青梅方面から都心へ働きに行く人たちのための通勤特急です。■100km ■524人分 ■56.0km ■東京～青梅 ■9両 ■2019年

富士回遊 E353系（JR東日本）

新宿から富士急行線に乗り入れ、観光客の多い富士山周辺を結んでいます。新宿～大月間は「かいじ」と連結して走ります。■100km ■150人分 ■104.1km ■新宿～河口湖 ■3両 ■2019年

■最高時速 ■座席数 ■走行距離 ■おもな運行区間 ■編成 ■車両の登場年

「スペーシア」には、左上から時計回りに「日光詣スペーシア」、「粋」、「雅」、「サニーコーラルオレンジ」があります。みなさんは、どの車両が好きですか？

きぬ　100系（東武鉄道）

東京の新名所・東京スカイツリーの真下を走りぬけます。100系は「スペーシア」と呼ばれ、浅草と東武日光を結ぶ「けごん」としても走っています。🟥130km　🟧288人分　🟩140.8km
🟥浅草～鬼怒川温泉など　🟪6両　🟦1990年

> ホテルのデザイナーが手がけたから、「スペーシア」の車内はホテルみたいにごうかなんだね。

コンパートメントルーム

6号車に6室ある、ごうかな個室です。大理石のテーブルがおかれ、カーペットが敷かれるなど、ホテルの部屋のようです。

りょうもう 200系（東武鉄道）

赤いラインが目印の特急です。東京の浅草と栃木、群馬方面を結んでいます。

■110km ■398人分 ■115.0km ■浅草〜赤城など ■6両 ■1999年

展望席以外でも眺望をよくするために車体側面の窓は高さが1mもある連続窓を使用しているんだ。

スーパーはこね　70000形 (小田急電鉄)

いちばん前と後ろの車両に展望席がある、大人気のロマンスカーです。70000形は「GSE」と呼ばれ、赤いボディが特ちょうです。窓が大きいので、どの座席からでも景色を楽しめます。■110㎞　■400人分　■88.6㎞　■新宿～箱根湯本　■7両　■2018年

見てみよう！
DVD ご当地特急選手権東日本編

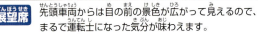

展望席 先頭車両からは目の前の景色が広がって見えるので、まるで運転士になった気分が味わえます。

座席 ロマンスカーのなかで、もっともはばの広い座席が使用されています。座席の下は荷物がおける収納スペースです。

■最高時速　■座席数　■走行距離　■おもな運行区間　■編成　■車両の登場年

見てみよう！
DVD ご当地特急選手権東日本編

メトロはこね　60000形（小田急電鉄）

フェルメール・ブルーを使った青いボディがすてきなロマンスカーです。「MSE」とも呼ばれています。地下鉄では初の特急で、東京メトロ千代田線に乗り入れています。🟥110km 🟧578人分
🟩104.4km 🟥北千住〜箱根湯本 🟪10両 🟦2008年

GSEやVSE、MSEの総合デザインは、関西空港旅客ターミナルの設計を指揮した岡部憲明氏だ。

車内
ドーム型天井が特ちょうです。車内を照らす照明はLEDライトを使用しています。

非常扉
地下鉄線内で故障などした場合、先頭車両の非常扉を開き、はしごで車外へ出られます。

非常扉が必要な地下鉄線内を走るので、先頭車両には展望席がありません。

スーパーはこね　50000形（小田急電鉄）

50000形は「VSE」と呼ばれ、ピカピカの白いボディが特ちょうで、ごうかな車内設備が人気です。🟥110km 🟧358人分 🟩88.6
km 🟥新宿〜箱根湯本 🟪10両 🟦2005年

ふじさん　60000形（小田急電鉄）

小田急線からJR御殿場線へ乗り入れている特急です。富士山のすぐそばを走っていて、車内からの眺めもとてもよいです。🟥110km
🟧352人分 🟩97.1km 🟥新宿〜御殿場 🟪6両 🟦2018年

さがみ　30000形（小田急電鉄）

30000形は「EXEα」とも呼ばれています。ロマンスカーのなかでも座席数が多いので、通学や通勤客が利用する「モーニングウェイ」や「ホームウェイ」としてもかつやくしてます。🟥110
km 🟧578人分 🟩82.5km 🟥新宿〜小田原など 🟪10両
🟦2017年

スーパービュー踊り子
251系（JR東日本）

ハイデッカーもしくはダブルデッカー車両で、窓もとても大きいので、海や山の景色を存分に楽しめます。グリーン個室やプレイルームなど、さまざまな設備もじまんです。 ■120km ■497人分 ■167.2km ■東京など～伊豆急下田 ■10両 ■2002年

1号車は2階建て車両のグリーン車。2階には展望席があり、前後左右の景色が望めます。

サロン室
1号車の1階にはグリーン車専用のサロン室があり、くつろぎながら軽食なども味わえます。

プレイルーム
東京寄りの先頭車両（10号車）の1階は、子供用のプレイルームです。

グリーン個室
2号車の1階にはグリーン個室があり、ゆったりと優雅な時間をすごせます。

マリンエクスプレス踊り子　E259系（JR東日本）

土日や休日を中心に走る臨時列車です。車両は「成田エクスプレス」と同じですが、いかりをイメージしたロゴマークがついています。 ■120km ■290人分 ■167.2km ■東京～伊豆急下田 ■6両 ■2012年

踊り子　185系（JR東日本）

伊豆地方の海水浴場や温泉に行く人たちを運んでいます。東京～熱海間は修善寺行きと連結して走る列車もあります。 ■110km ■604人分 ■167.2km ■東京～伊豆急下田など ■10両 ■1981年

■最高時速　■座席数　■走行距離　■おもな運行区間　■編成　■車両の登場年

デザインは山本寛斎氏。車体は「風」、車内は「凛」をコンセプトにつくられたんだ。

見てみよう！
DVD ご当地特急選手権東日本編

スカイライナー　AE形（京成電鉄）

成田スカイアクセス線を経由し最高時速160kmで走る、在来線では最速の特急車両です。「風」がコンセプトの、シャープで疾走感あるデザインが特ちょうです。🟥160km　🟧398人分　🟩64.1km　🟪京成上野〜成田空港　🟪8両　🟦2010年

ロゴマーク

愛称の頭文字「S」を毛筆でかき、スピード感を表現しています。

車内

天井が高くドーム型になっています。開放感があり、落ち着いた雰囲気です。

成田エクスプレス　E259系（JR東日本）

成田国際空港から飛行機を利用する人たちのための特急で、「N'EX（ネックス）」とも呼ばれています。スーツケースをおくスペースがあり、外国語のアナウンスも流れます。🟥130km　🟧580人分　🟩125.7km　🟪大船など〜成田空港　🟪12両　🟦2009年

グリーン車

ごうかな本革張りの座席で、フットレストもついているので快適にすごせます。

普通車

すべての座席にコンセントがあり、車内でパソコンが使えます。

見てみよう！
DVD ご当地特急選手権東日本編

見てみよう！
DVD ご当地特急選手権東日本編

ひたち　E657系（JR東日本）
水戸の梅の花をイメージしたピンク色がすてきな車両
です。車内には全席にコンセントがあり、パソコンな
どを利用することができます。■130km　■600人分
■222.0km　■品川など～いわき　■10両　■2015年

ときわ　E657系（JR東日本）
上野東京ラインができたのに合わ
せて登場した新しい特急です。「ひ
たち」よりも停車駅が多いのが特
ちょうです。■130km　■600人分
■133.7km　■品川など～勝田など
■10両　■2015年

わかしお　E257系（JR東日本）
平日は通勤客、休日はゴルフや海や観光地に向かう
人たちがたくさん利用する特急です。255系でも運
転されています。■130km　■612人分　■132.5km
■東京～安房鴨川など　■10両　■2004年

房総半島を走る特急は、
海と菜の花、ビーチをイ
メージしたカラーリング
になっているよ。

さざなみ　E257系（JR東日本）
千葉県の西側を東京湾に沿って走る、内房線の特急です。通勤客
が利用しやすいよう、朝と夕方や夜に多く走っています。■130
km　■306人分　■81.3km　■東京～君津　■5両　■2004年

■最高時速　■座席数　■走行距離　■おもな運行区間　■編成　■車両の登場年

しおさい 255系（JR東日本）

千葉県東部から東京へ向かう人が多く利用する特急です。自由席が多く、気軽に乗ることができます。■130km ■544人分 ■120.5km ■東京〜銚子など ■9両 ■1993年

きぬがわ 253系（JR東日本）

鬼怒川温泉へ向かうことから、この愛称になりました。「日光」や「スペーシアきぬがわ」と同じく、東北本線の栗橋から東武鉄道に乗り入れています。■130km ■290人分 ■140.2km ■新宿〜鬼怒川温泉 ■6両 ■2011年

日光 253系（JR東日本）

JRから私鉄の東武鉄道に乗り入れて走る特急です。日光の神社や寺、紅葉などをイメージして赤と朱色、黄色のカラーリングになりました。■130km ■290人分 ■134.9km ■新宿〜東武日光 ■6両 ■2011年

あかぎ 651系（JR東日本）

群馬県と東京都心を結ぶ特急で、仕事や買い物に行く人たちが利用しています。群馬県を代表する赤城山から名づけられました。■120km ■398人分 ■111.2km ■上野など〜前橋など ■7両 ■2014年

スワローあかぎ 651系（JR東日本）

「スワローサービス」という新しいサービスを利用した、平日に走る特急です。かならず座ることができるので、通勤客に人気です。■120km ■398人分 ■101.4km ■上野など〜高崎など ■7両 ■2014年

草津 651系（JR東日本）

もともと「スーパーひたち」で使用されていた車両をリニューアルして使用しています。草津温泉へ行く人たちなどを運んでいます。■120km ■398人分 ■164.5km ■上野〜長野原草津口 ■7両 ■2014年

スペーシアきぬがわ 100系（東武鉄道）

「きぬがわ」と同じ区間を走っている特急ですが、こちらは東武鉄道の「スペーシア」の車両が使用され、毎日2往復走っています。■130km ■288人分 ■140.2km ■新宿〜鬼怒川温泉 ■6両 ■2006年

DVD 見てみよう！ご当地特急選手権東日本編

ちちぶ 001系（西武鉄道）

先頭部が今までにない球面の形になった001系は、「Laview」という愛称で親しまれています。池袋〜飯能間を結ぶ「むさし」としても走っています。■105km ■422人分 ■76.8km ■池袋など〜西武秩父 ■8両 ■2019年

小江戸 10000系（西武鉄道）

観光客や通勤客を乗せて走ります。10000系は「ニューレッドアロー」と呼ばれ、「小江戸」のほかに「ちちぶ」は池袋〜西武秩父、「むさし」は池袋〜飯能を結びます。■105km ■406人分 ■47.5km ■西武新宿〜本川越 ■7両 ■1993年

たくさんの列車や路線が集まる場所
東京駅

東京駅には、たくさんの列車や路線が集まっています。地上には7つの新幹線の路線と5つのJRの在来線、地下には総武本線・横須賀線・京葉線と地下鉄の丸ノ内線があります。駅構内には、鉄道に関係するさまざまな見どころもあります。

東京駅

東海道・山陽新幹線

東北・山形・秋田・上越・北陸新幹線

在来線(東海道本線・上野東京ライン・京浜東北線・山手線・中央本線)

丸の内南口

丸の内中央口

丸の内北口

丸の内駅舎

丸の内南口の駅舎のドーム部分です。ドームの天井は高さが28mあります。

中央本線（1番線）

東海道本線・東北本線（3番線）

国鉄キロ程基準原標（4・5番線）

東海道本線・東北本線（10番線）

東海道新幹線（17・18番線）

東北新幹線（20・21、22・23番線）

1996年につくられたモニュメント（6・7番線）

京葉線（地下4番線）

総武本線（地下1番線）

停車場中心

0キロポスト

線路には「起点」があり、その場所から距離をはかります。起点をあらわす地点にある標識は「0キロポスト」と呼ばれ、駅長室の位置を基準に、線路のそばに設置されます。東京駅には数多くの0キロポストがありますが、なかには記念でつくられたものもあり、すべてが実際の起点というわけではありません。

銀の鈴

1968年につくられた「銀の鈴」は、待ち合わせ場所として有名です。現在設置されているものは4代目の銀の鈴です。

動輪の広場

丸の内地下南口の広場には、日本一大きな動輪があります。1972年に、日本の鉄道開通100周年を記念してつくられました。

ドーム屋根の郵便ポスト

駅舎のような形をした郵便ポストがあります。左の投函口に入れると東京駅がえがかれた特別な消印がおされます。

開業当時の柱

1914年の東京駅開業当時から、5・6番線にあった柱がかざられています。

東海道新幹線建設記念碑

「新幹線の生みの親」と呼ばれる十河信二のレリーフと座右の銘があしらわれた記念碑が建っています。

開業当時のレンガ

丸の内南口近くには、開業当時からそのままの姿でレンガが保存されています。

ステーションコンシェルジュ

東京駅の施設や、都内と地方の観光・イベント情報を案内します。

東北・北海道の特急列車

レイルマンやまさきのポイント

東北や北海道を走る特急列車の最大の特ちょうは、雪と寒さに強いということです。線路にふり積もった雪をどけるための機能や、車内が冷えないようにする工夫がなされ、寒い北国の冬でも快適に移動できるようになっています。

「いなほ」には「ハマナス色」(左)や「瑠璃色」(右)の車両も走っています。

見てみよう！
DVD ご当地特急選手権東日本編

いなほ　E653系（JR東日本）

日本海の夕日をイメージしたカラーが特ちょうです。3列シートのグリーン車は、ほかのJR東日本の特急よりもゆったりとしたつくりです。

■120km　■428人分　■168.2km　■新潟～酒田など　●7両　■2014年

　■最高時速　■座席数　■走行距離　■おもな運行区間　●編成　■車両の登場年

講談社 ISBN978-4-06-517623-8 C8665 ¥2000E (0)

書名　鉄道　新訂版

講談社の動く図鑑MOVE

著者名・他　講談社　編　山﨑　友也　監

9784065176238

書店（帖合）印

講談社
補充注文カード

講談社		
売上		
社名		
書名	鉄道　新訂版	
カード		
本体	2000円	DO

N517623-8　991234-7E

地図（北海道・東北地方）
稚内（わっかない）
旭川（あさひかわ）　網走（あばしり）
札幌（さっぽろ）　釧路（くしろ）
函館（はこだて）
青森（あおもり）
秋田（あきた）
新庄（しんじょう）
新潟（にいがた）

見てみよう！
DVD ご当地特急選手権東日本編（とうち とっきゅうせんしゅけんひがし にほんへん）

つがる　E751系（ジェイアールひがしにほん）（JR東日本）

雪やリンゴの花の白と、東北のお祭りをイメージした赤い色に塗られたカッコイイ車両を使用しています。秋田県と青森県を結んでいます。

■130km　■250人分　■185.8km
■秋田～青森　■4両　■2002年

91

DVD ご当地特急選手権東日本編 見てみよう！

スーパーとかち　キハ261系（JR北海道）

広い牧場など、北海道らしい風景を楽しめる、札幌と帯広を結ぶ特急です。季節によっては牛や馬を見ることができるかもしれません。
■120km　■178人分　■220.2km　■札幌〜帯広　■4両　■2015年

DVD ご当地特急選手権東日本編 見てみよう！

カムイ　789系（JR北海道）

ビジネスマンが多く利用する区間を走る特急です。車両は「ライラック」などと同じ789系ですが、銀色の1000番台が使用されています。
■120km　■283人分　■136.8km　■札幌〜旭川　■5両　■2017年

DVD ご当地特急選手権東日本編 見てみよう！

宗谷　キハ261系（JR北海道）

日本でいちばん北にある駅、稚内に行く特急です。革張りのゴージャスなグリーン席のほか、3パターンあるカラフルな普通席も楽しめます。
■120km　■204人分　■396.2km　■札幌〜稚内　■4両　■2000年

DVD ご当地特急選手権東日本編 見てみよう！

スーパーおおぞら　キハ283系（JR北海道）

キハ283系を使ったゆいいつの特急です。外観にデザインされた赤色は、北海道の釧路湿原に多く生息するタンチョウヅルをイメージしています。
■110km　■291人分　■348.5km　■札幌〜釧路　■6両　■1997年

ライラック　789系（JR北海道）

「カムイ」と走る区間は同じですが、「ライラック」にはグリーン車が連結されています。先頭車両は北海道の名所や自然をデザインしたラッピングがされています。■120km　■345人分　■136.8km
■札幌〜旭川　■6両　■2017年

DVD ご当地特急選手権東日本編 見てみよう！

DVD ご当地特急選手権東日本編 見てみよう！

スーパー北斗　キハ261系（JR北海道）

車内からは大沼や噴火湾、有珠山など、北海道南部のうつくしい風景が楽しめます。キハ281系で運転される列車もあります。
■120km　■340人分　■318.7km　■函館〜札幌　■7両　■2016年

■最高時速　■座席数　■走行距離　■おもな運行区間　■編成　■車両の登場年

記念撮影を待っている間に座れる席には、ペンギンやレッサーパンダなど9種類の動物シートカバーがかぶせられています。

スタッフが写真を撮ってくれるので、一人で乗っていても楽しめます。

ライラック旭山動物園号　789系（JR北海道）

大人気の旭山動物園に行く人たちでにぎわう特急です。一定の期間の土日や祝日に走っています。岩見沢〜深川では、1号車の一部が記念写真スペースになります。■120km　■330人分　■136.8km　■札幌〜旭川　■6両　■2017年

すずらん 785系（JR北海道）

札幌から室蘭方面へ走っている特急で、785系と789系の2種類で運転されています。室蘭と東室蘭の間では、なんと普通列車に変身します。■120km　■279人分　129.2km　■東室蘭〜札幌　■5両　■2007年

サロベツ キハ261系（JR北海道）

天塩川に沿って、愛称にもなっているサロベツ原生花園を横切って走ります。稚内の近くでは、海の向こうに利尻富士の絶景が望めます。■120km　■197人分　■259.4km　■旭川〜稚内　■4両　■2017年

DVD ご当地特急選手権東日本編

オホーツク キハ183系（JR北海道）

札幌と、流氷で有名な網走を結んでいます。力強くゴツゴツした車体がじまんで、寒さにも負けないようにつくられています。■110km　■226人分　■374.5km　■札幌〜網走　■4両　■1982年

DVD ご当地特急選手権東日本編

大雪 キハ183系（JR北海道）

かつては急行列車としてかつやくしていましたが、2017年3月から特急列車として走りはじめました。旭川駅で札幌駅発着の特急と接続しています。■110km　■224人分　■237.7km　■旭川〜網走　■4両　■2017年

クルーズトレイン・寝台列車

クルーズトレインや寝台列車は、長い時間をかけて長距離を旅するための列車です。ベッドつきの個室や食堂車がある列車もあります。

展望デッキ
両先頭車両には展望デッキがあり、後方最後尾のデッキは外に出ることができます。

DVD 超豪華クルーズトレイン

展望室
先頭車両にある展望室は、窓が大きく、眺めを楽しむことができます。

ラウンジ
「サロン・ドゥ・ルゥエスト」と呼ばれるラウンジカーには、バーカウンターやブティックスペースがあります。

食堂車
「ダイナープレヤデス」では大きな窓で景色を楽しみながら食事ができます。

東萩・松江・宍道・出雲市・鳥取・東浜・城崎温泉・京都・大阪・下関・岩国・宮島口・三次・尾道・倉敷・岡山・伯耆大山

1泊2日の片道タイプでは、日本海側を走る山陰コースと瀬戸内海側を走る山陽コースがあり、2泊3日の周遊タイプでは、両方のコースを時計回りにぐるりとめぐります。

TWILIGHT EXPRESS 瑞風（JR西日本）

ハイブリッド方式の気動車で、10両編成のクルーズトレインです。京都や大阪と下関の間を走り、城崎温泉や宮島、出雲などの観光地をめぐります。

スイート　10両のうちの1両は、スイートの客室「ザ・スイート」になっています。寝室やリビング、バスタブがついています。写真は「ザ・スイート」の寝室です。

「ザ・スイート」のリビングです。ソファでくつろぎながら景色を楽しめます。

クルーズトレイン・寝台車

コースの例とおもな停車駅

伊達紋別
登別
洞爺
東室蘭
新函館北斗
函館
弘前
青森
鶴岡
あつみ温泉
新津
東三条
日光
上野

青森
弘前
鳴子温泉
会津若松
一ノ関
松島
白石
姨捨
塩山
上野

上野

TRAIN SUITE 四季島（JR東日本）
電車と気動車両方の機能をあわせもったクルーズトレインで、ごうかなつくりがじまんです。上野と登別の間を走るコースでは、日光や函館などをめぐります。

展望車両 列車のいちばん前と後ろにある展望車両からは、まわりの景色が楽しめます。

四季島スイート 一部屋しかないとてもごうかな個室で、2階が和室、1階がベッドルームです。ヒノキという木を使った風呂もあります。

ラウンジ 5号車にある「こもれび」というラウンジです。ピアノの演奏を聴きながら、ドリンクを飲んでくつろげます。

サンライズ瀬戸・出雲
285系（JR東海・JR西日本）

「サンライズ瀬戸」は東京～高松を、「サンライズ出雲」は東京～出雲市を結ぶ寝台列車です。東京から高松・出雲市に向かうときは岡山駅で列車を分割します。木のぬくもりを生かしたインテリアが特ちょうです。

見てみよう！
DVD ご当地特急選手権西日本編

サンライズツイン 2つのベッドが並んでいる個室です。友人や家族との旅行にぴったりです。

ノビノビ座席 1人用のフラットシートが1階と2階に並んでいます。体をのばしてゆったりとくつろげます。

カシオペア
E26系（JR東日本）

広い個室とダイニングカーやシャワールームがついた、ごうかな寝台列車です。客車はすべて2階建てになっています。ツアー専用の列車として東日本を走っています。

カシオペアスイート（展望室タイプ） 1号車には、三面ガラスの大きな窓がついた、ごうかな部屋があります。

ダイニングカー 景色を見ながら食事をとることができます。

ダイニングカーの夕食では、フランス料理や懐石料理などが楽しめます。

国旗をつけて走る列車
お召し列車

天皇や皇后が乗車する列車のことを「お召し列車」と呼び、ジョイフルトレインの「なごみ（和）」はお召し列車として走ることがあります。お召し列車として走るときは、天皇や皇后が乗車するための特別車両が連結され、先頭車両には日本の国旗と菊の紋がつけられます。

お召し列車

▲ふだんは特別車両を連結せず、先頭車両に国旗と菊の紋をつけずに走っています。

▲スペインの国王を日本にむかえたときの「なごみ（和）」です。両国の国旗をつけています。

なごみ（和）　E655系（JR東日本）

時刻表にはのっていない列車です。ツアー客などを乗せて、ふだんはジョイフルトレインとして走っています。

ジョイフルトレインとして走るときの設備

VIP個室

テレビモニターが置いてある、ごうかな個室です。

一般シート

ゆったりとした座席に、収納式モニターがついています。

VIPシート

革張りで座りごこちのよい座席が9席あります。

各地方のおもな路線と列車

この章では、日本各地のJRの路線、私鉄の路線、第三セクターのおもな路線と、その路線を走る列車を紹介します。日本全国を、地方ごとに特ちょうのある列車が走っています。

各地方のおもな路線と列車
路線・列車データの見方

■路線の距離 ■路線の区間

147.2km　東能代～川部

■編成

3両
紹介車両のおもな編成です。

■車両の動力

ディーゼル
紹介車両の動力です。

五能線　キハ40形（JR東日本）

九州の路線と列車

九州の路線と列車

レイルマンやまさきのポイント

九州にはJRの路線のほか、私鉄の路線も多く、特急と同様にカラフルな列車が走ります。都市部では電車が多いですが、たくさんのディーゼルカーもかつやくしています。車体の色や部品をかえた国鉄時代の車両が走っていることもめずらしくありません。

▶ループ線とスイッチバックがいっしょになった大畑駅付近を進む。

肥薩線　キハ140形・キハ47形（JR九州）

熊本県と鹿児島県を結ぶ路線です。ループ線と2か所のスイッチバックや、日本三大車窓に選ばれる絶景が見どころです。キハ140形とキハ47形は、観光列車「いさぶろう」「しんぺい」として人吉と吉松の間も走っています。　■124.2km　■八代～隼人　■2両　■ディーゼル

列車の愛称は人吉～吉松間を建設したときの工事責任者と鉄道院総裁の名前からつけられたんだ。

指宿枕崎線　キハ200系（JR九州）

噴煙が上る桜島を見ながら、鹿児島湾に沿って走ります。沿線が菜の花で有名なことから黄色い車両になりました。　■87.8km　■鹿児島中央～枕崎　■2両　■ディーゼル

　■路線の距離　■路線の区間　■編成　■車両の動力

大村線　YC1系（JR九州）

「やさしくて力持ち」が車両のコンセプトです。ブレーキをかけたときなどにできる電気を蓄電池にためることができる、ディーゼルエレクトリック車両です。■47.6km　■早岐～諫早　■2両　■ディーゼル

鹿児島本線　821系（JR九州）

九州の西側を南北に走る路線です。821系は最新技術がたくさん使われているので少ない電気で走ることができる、JR九州で一番の省エネ車両です。■281.6km　■門司港～八代、川内～鹿児島中央　■3両　■電気

筑肥線　305系（JR九州）

福岡市交通局の地下鉄空港線に乗り入れをしています。305系は車いすやベビーカー置き場が多くつくられ、ボタンでドアを開け閉めできる「スマートドア」もついています。■68.3km　■姪浜～唐津、山本～伊万里　■6両　■電気

日田彦山線　キハ147形（JR九州）

福岡県の城野と大分県の夜明を結んでいます。「めがね橋」と呼ばれる鉄道橋からは、のどかな風景と山深い景色が望めます。■68.7km　■城野～夜明　■2両　■ディーゼル

豊肥本線　キハ200系（JR九州）

阿蘇山の巨大なカルデラのなかを走ります。火山がつくりだす雄大な山々の風景が車窓に広がります。■148.0km　■熊本～大分　■2両　■ディーゼル

筑豊本線　BEC819系（JR九州）

電化区間で蓄電池に充電した電気を使って、非電化区間も走ることができる電車です。「DENCHA」という愛称がつけられています。■66.1km　■若松～原田　■2両　■電気

日豊本線　815系（JR九州）

九州の東側を走って南北を結ぶ長距離路線です。815系はシングルアームのパンタグラフがついた車両で、熊本県や大分県周辺の路線でワンマン運転をするためにつくられました。■462.6km　■小倉～鹿児島　■2両　■電気

唐津線　キハ125系（JR九州）

地域の石炭採掘のためにかつやくした、佐賀県を走る路線です。現在は普通列車のみで、そのほとんどがワンマン運転です。■42.5km　■久保田～西唐津　■1両　■ディーゼル

香椎線　BEC819系（JR九州）

もとは炭田で採れた石炭を港へ運ぶための路線でしたが、近年では博多方面への通勤、通学路線となっています。■25.4km　■西戸崎～宇美　■2両　■電気

佐世保線　817系（JR九州）

佐賀県と長崎県を走る路線です。佐世保線には2種類の817系が走っており、座席がロングシートの車両とクロスシートの車両があります。
■48.8km　■肥前山口～佐世保　■2両　■電気

久大本線　キハ220系（JR九州）

九州の有名な山である由布岳のふもとを走ることから「ゆふ高原線」とも呼ばれます。九州に多い、赤く塗られた車両が走っています。
■141.5km　■久留米～大分　■1両　■ディーゼル

吉都線　キハ47形（JR九州）

霧島連山のふもとを走るローカル線です。国鉄時代から走っているキハ47形が、いまでも元気にかつやくしています。「えびの高原線」という愛称がついています。■61.6km　■都城～吉松　■2両　■ディーゼル

日南線　キハ40形（JR九州）

「鬼の洗濯板」と呼ばれる波状の岩に囲まれた小島などがある、うつくしいリアス式海岸沿いを走ります。南国ムードいっぱいの景色が車窓に広がります。■88.9km　■南宮崎～志布志　■1両　■ディーゼル

長崎本線　817系（JR九州）

有明海沿いの複雑な地形を蛇行しながら走ります。対岸には雄大な雲仙の山々をながめることができます。
■125.3km　■鳥栖～長崎　■2両　■電気

谷山線　7500形 (鹿児島市交通局)

鹿児島市を走る路面電車の路線です。「ユートラムⅢ」という愛称の7500形は、太陽のイエローと芝生のグリーンをイメージした「交通局カラー」という塗装です。■6.4km ■武之橋～谷山 ■2両 ■電気

甘木線　7050形 (西日本鉄道)

7050形はワンマン運転ができるようにつくられた7000形を改良して登場しました。甘木線のほか、天神大牟田線や太宰府線でもかつやくしています。■17.9km ■宮の陣～甘木 ■2両 ■電気

天神大牟田線　9000形 (西日本鉄道)

3000形をお手本にして、さらに省エネルギー化を進めた通勤型の車両です。昔からの西日本鉄道のカラーであるロイヤルレッドのラインが特ちょうです。■74.8km ■西鉄福岡(天神)～大牟田 ■3両 ■電気

幹線　0800型 (熊本市交通局)

熊本市を走る路面電車です。思いやりとおもてなしの心を表現するため「COCORO」という愛称がつきました。ハートが3つ並んだエンブレムがついています。■3.3km ■熊本駅前～水道町 ■2両 ■電気

田崎線　8800型 (熊本市交通局)

8800型はかつて熊本市電を走っていた車両をモチーフにつくられました。外観だけでなく、座席や手すりなど細かいところまで昔のおもかげをのこしています。■0.5km ■熊本駅前～田崎橋 ■1両 ■電気

菊池線　01形 (熊本電気鉄道)

かつて、東京メトロ銀座線で走っていた01系です。銀座線は「第三軌条方式」のため、屋根にパンタグラフをつけるなど、改造をしています。2015年3月より走りはじめました。■10.8km ■上熊本～御代志 ■2両 ■電気

湯前線　KT-500形 (くま川鉄道)

「田園シンフォニー」という地域の四季をイメージした春・夏・秋・冬・白の各車両が、「はぴねすトレイン」として走っています。■24.8km ■人吉温泉～湯前 ■3両 ■ディーゼル

「田園シンフォニー」は、車内に地元のヒノキをふんだんに使った、あたたかみのある車両だよ。

よみがえれ、高千穂鉄道

高千穂鉄道は2005年9月の台風被害によって廃線となってしまった第三セクターです。現在は高千穂あまてらす鉄道が高千穂～天岩戸でスーパーカートを走らせたり、ディーゼルカーの体験運転を実施したり、全線の復旧をめざして活動しています。

30人乗車できるグランド・スーパーカートです。

高森線　MT-2000形（南阿蘇鉄道）
温泉や湧き水が多い阿蘇の山々のふもとを走ります。2016年に起きた地震により、現在は一部の区間で運転しています。■17.7km　■立野〜高森　■1両　■ディーゼル

肥薩おれんじ鉄道線
HSOR-100A形（肥薩おれんじ鉄道）
沿線を盛り上げようと熊本のご当地キャラクター「くまモン」を列車にたくさんえがいた、見ても乗っても楽しい車両が走っています。■116.9km　■八代〜川内　■1両　■ディーゼル

七隈線　3000系（福岡市交通局）

ドイツ人の工業デザイナーがデザインした、まるみのある顔が特ちょうの地下鉄車両です。「鉄輪式リニアモーター」によって動きます。■12.0km　■天神南～橋本　■4両　■電気

空港線　2000系（福岡市交通局）

地下鉄ではじめて、ワンマン運転をおこなった路線です。列車の運転を自動でおこなう「ATO（自動列車運転装置）」が使われています。■13.1km　■姪浜～福岡空港　■6両　■電気

西九州線　MR-600形（松浦鉄道）

焼き物で有名な有田や伊万里をぬけて海岸線を走ります。普通鉄道では日本でいちばん西にある「たびら平戸口」駅があります。■93.8km　■有田～佐世保　■1両　■ディーゼル

甘木線　AR400形（甘木鉄道）

国鉄甘木線を引きつぎ、1986年に誕生した第三セクターです。さまざまなカラーリングをしたディーゼルカーがかつやくしています。■13.7km　■基山～甘木　■1両　■ディーゼル

筑豊電気鉄道線　5000形（筑豊電気鉄道）

路面電車のような車両ですが、専用の線路を走る普通鉄道の路線です。5000形はホームとの段差を少なくした、床の低い車両です。■16.0km　■黒崎駅前～筑豊直方　■3両　■電気

田川線　500型（平成筑豊鉄道）

写真の「へいちく浪漫号」をはじめ、伊田線や糸田線、田川線ではカラフルな車両がたくさん走っています。■26.3km　■行橋～田川伊田　■1両　■ディーゼル

島原鉄道線　キハ2500型（島原鉄道）

島原半島にそびえる雲仙岳のまわりを海に沿って走ります。キハ2500型は、黄色くてかわいい車両です。■43.2km　■諫早～島原外港　■1両　■ディーゼル

蛍茶屋支線　5000形（長崎電気軌道）

長崎市を走る路面電車の路線です。通路を広げて定員を増やした5000形の登場で、より多くの人が快適に乗車できるようになりました。■2.2km　■浜町アーケード～蛍茶屋　■3両　■電気

本線　160形（長崎電気軌道）

100年以上前の1911年につくられた車両で、動く路面電車としては日本でいちばん古い電車です。イベントなどで走っています。■7.0km　■住吉～崇福寺　■1両　■電気

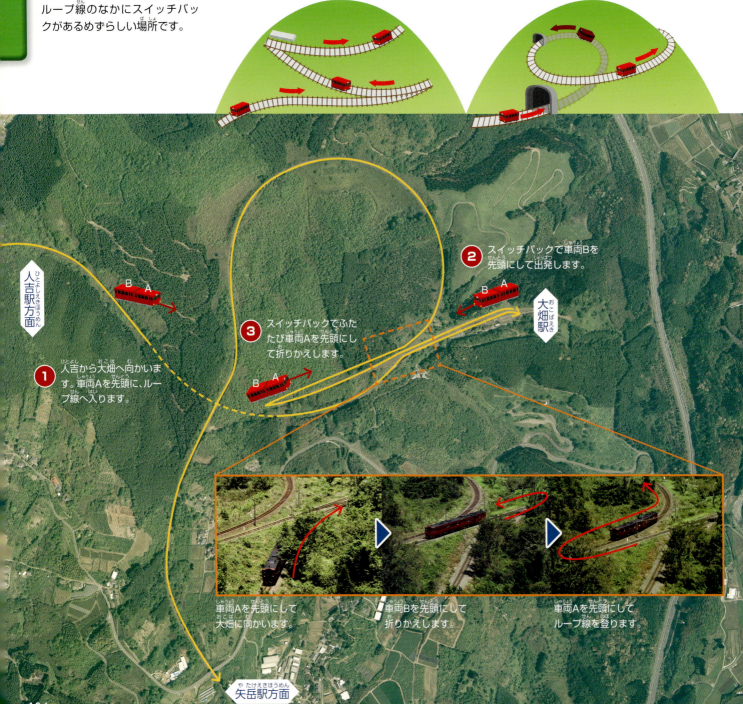

坂道を登るための線路や列車
登山列車

鉄道車両の車輪とレールは摩擦がすくないので、山や坂道などの急勾配が苦手です。しかし、線路のつくりを工夫すれば登ることができます。「スイッチバック」「ループ線」「アプト式鉄道」などの登山列車のしくみを見てみましょう。

登山列車

スイッチバックとループ線のしくみ

スイッチバックとループ線では、右の図のようなしくみで山や坂道を登っていきます。下で紹介している肥薩線の人吉〜矢岳間はループ線のなかにスイッチバックがあるめずらしい場所です。

見てみよう！
DVD 登山鉄道

スイッチバック

ジグザグに線路を敷いて勾配をゆるめ、進む向きをかえながら登っていく方法です。

ループ線

らせん階段のように、円をえがきながらすこしずつ登る方法です。走る距離は長くなりますが、勾配がゆるやかになります。トンネルをほってつくられることが多いです。

人吉駅方面

矢岳駅方面

大畑駅

① 人吉から大畑へ向かいます。車両Aを先頭に、ループ線へ入ります。

② スイッチバックで車両Bを先頭にして出発します。

③ スイッチバックでふたたび車両Aを先頭にして折りかえします。

B A

車両Aを先頭にして大畑に向かいます。

車両Bを先頭にして折りかえします。

車両Aを先頭にしてループ線を登ります。

106

アプト式鉄道のしくみ

見てみよう！ DVD 登山鉄道

アプト式鉄道とは急勾配を登りおりするための鉄道で、日本では大井川鐵道の井川線だけで見られます。「アプト式電気機関車」の床下にある歯車と、線路に敷かれた歯形の「ラックレール」をかみあわせることによって、急勾配をすべり落ちることなく登ることができます。

列車の進行方向

アプト式電気機関車
アプト式電気機関車はつねに坂の下にあり、登るときは連結した車両をおして登ります。

ラックホイールピニオン
アプト式電気機関車の床下には「ラックホイールピニオン」と呼ばれる歯車がついています。ラックレールとかみあいます。

ラックレール
線路の真ん中には、歯形のラックレールが敷かれています。

井川線　ED90形（大井川鐵道）
井川線のアプトいちしろ〜長島ダムでかつやくする、国内でゆいいつのアプト式電気機関車です。

中国・四国の路線と列車

レイルマンやまさきのポイント
中国・四国には海岸沿いを走る路線が多く、きれいな景色が楽しめます。列車は、ディーゼルカーが多く走っていて、広島や岡山、松山、高知では路面電車もかつやくしています。

山陰本線　キハ120系（JR西日本）
景色のよい日本海側の海岸沿いを走る路線です。在来線ではいちばんの長さです。キハ120系は、中国地方のさまざまな路線を走っている車両です。
■673.8km ■京都〜幡生 ■1両 ■ディーゼル

芸備線は広島を中心にダイヤが組まれているけど、じつは広島を出発する列車が「上り」なんだ。

芸備線　キハ120系（JR西日本）
中国山地を走る非電化単線のローカル線です。広島近郊の住宅が多い地域を走るので、通勤・通学路線として利用されています。■159.1km ■備中神代〜広島 ■1両 ■ディーゼル

山口線　キハ47形（JR西日本）
国鉄時代に、はじめて蒸気機関車を復活させた路線としても有名です。沿線には瓦屋根の民家が多く、のどかな景色が広がっています。■93.9km ■新山口〜益田 ■2両 ■ディーゼル

■路線の距離 ■路線の区間 ■編成 ■車両の動力

赤穂線　213系（JR西日本）

213系は播州赤穂よりも西側の区間を走っています。中間車を改造して運転席をつくり、ワンマン運転できる車両もあります。
■57.4km　■相生～東岡山　■2両　■電気

山陽本線　115系（JR西日本）

東海道本線を神戸から引きつぎ、九州の門司へと結ぶ一大幹線で、数多くの列車が行き来しています。濃黄色の117系や105系なども走っています。　■534.4km　■神戸～門司　■4両　■電気

境線　キハ40形（JR西日本）

漫画家の水木しげる氏が境港で育ったということで、『ゲゲゲの鬼太郎』のキャラクターがえがかれた「鬼太郎列車」が走っています。各駅は妖怪の名前が愛称になっています。
■17.9km　■米子～境港　■1両　■ディーゼル

因美線　キハ120系（JR西日本）

木造駅舎をはじめ、昔ながらの風景がたくさんのこる貴重なローカル路線です。智頭で智頭急行、郡家で若桜鉄道と2つの第三セクターに接続しています。　■70.8km　■鳥取～東津山　■1両　■ディーゼル

伯備線　115系（JR西日本）

山陽と山陰とを結ぶ陰陽連絡線のひとつで、連絡線のなかではゆいいつ電化されており、運行本数も多いです。沿線の渓谷がうつくしいのも特ちょうです。　■138.4km　■倉敷～伯耆大山　■2両　■電気

木次線　キハ120系（JR西日本）

島根県と広島県を結ぶ、山の中を走る路線です。出雲坂根には全国でもめずらしい逆Z字形の3段式スイッチバックがあり、「延命水」という名水も湧いています。　■81.9km　■宍道～備後落合　■1両　■ディーゼル

宇部線　123系（JR西日本）

かつては石炭などを運ぶ貨物輸送が中心の路線でしたが、現在では地域の人びとの生活の足となっています。123系は1両でも走ることができるめずらしい電車です。　■33.2km　■新山口～宇部　■1両　■電気

呉線　227系（JR西日本）

瀬戸内海を眺めることができる路線で、景色がきれいな三原～広間は「瀬戸内さざなみ線」とも呼ばれています。2015年に広島地区に登場した227系は、「Red Wing」という愛称がついています。　■87.0km　■三原～海田市　■3両　■電気

予讃線　7200系（JR四国）

瀬戸内海沿いを走る、四国でいちばん長い路線です。7200系は「efWING」という特別な台車がついていて、省エネで乗りごこちがよい電車です。
■297.6km　■高松～宇和島　■2両　■電気

予土線　キハ32形（JR四国）

愛媛県と高知県を結ぶ路線です。清らかな川を楽しむかっぱをイメージしたラッピングがされた「海洋堂ホビートレイン」が走ります。車内では、かっぱと一緒に写真が撮れたり、たくさんのかっぱが展示されたりしています。■76.3km　■北宇和島～若井　■1両　■ディーゼル

「海洋堂ホビートレイン」「鉄道ホビートレイン」「しまんトロッコ」は予土線3兄弟と呼ばれてるよ。

予土線　キハ32形（JR四国）

キハ32形にまるい鼻を取りつけて、0系新幹線のようにした「鉄道ホビートレイン」です。車内に展示された鉄道模型の数々も迫力満点です。■76.3km　■北宇和島～若井　■1両　■ディーゼル

内子線　キハ32形（JR四国）

わずか4駅しかない短いローカル線ですが、1986年に予讃線のバイパス線のルートに組みこまれたことから、特急列車も走るようになりました。■5.3km　■新谷～内子　■1両　■ディーゼル

本四備讃線　5000系（JR四国）

本州と四国を結ぶ路線です。快速「マリンライナー」の高松側の先頭車両は2階建てグリーン車なので、瀬戸内海の景色をゆったりと楽しめます。■31.0km　■茶屋町～宇多津　■3両　■電気

高徳線　1500型（JR四国）

高松と徳島を結ぶので高徳線と名づけられました。小型軽量で燃費のよい1500型など新しいディーゼルカーが走っています。■74.5km　■高松～徳島　■2両　■ディーゼル

土讃線　1000型（JR四国）

四国山地の険しい山々をぬけ、四国の南北を結ぶ重要な路線です。高知以西では太平洋を望めます。■198.7km　■多度津～窪川　■1両　■ディーゼル

土佐北川駅は全国でもめずらしい、鉄橋の中にある駅。ホームに立っててよいのか不安になるんだ。

■路線の距離　■路線の区間　■編成　■車両の動力

東山本線　9200形（岡山電気軌道）

イギリスの鉄道アニメ『チャギントン』に登場する「ウィルソン」と「ブルースター」が連結した「おかでんチャギントン」が人気です。
■3.0km　■岡山駅前〜東山・おかでんミュージアム　■2両　■電気

岡山電気軌道にはこのほかにも「KURO」という車体が真っ黒な路面電車も走ってるんだって。

清輝橋線　9200形（岡山電気軌道）

昔話の「桃太郎」と、岡山県の名産の桃から「MOMO」という愛称がついた超低床式路面電車です。■1.6km　■柳川〜清輝橋　■2両　■電気

北松江線　7000系（一畑電車）

一畑電車にとって86年ぶりの新造車両です。外観は「出雲大社御本殿」や「宍道湖」、「棚田」など、地域にゆかりのあるデザインがラッピングされています。■33.9km　■電鉄出雲市〜松江しんじ湖温泉　■1両　■電気

錦町から雙津峡温泉まで、鉄道が走る予定だった跡地に「とことコトレイン」が走っているよ。

錦川清流線　NT-3000形（錦川鉄道）

色あざやかな4色の車両が走っています。黄色い車両は清流錦川沿いに生息するホタルの光をイメージした「きらめき号」です。1987年に、JR西日本から第三セクターの錦川鉄道へ引きつがれました。■32.7km　■川西〜錦町　■1両　■ディーゼル

本線　5200形（広島電鉄）

DVD 見てみよう！ おもしろ鉄道大集合

「グリーンムーバーエイペックス」という愛称のついた、日本でいちばん長い5両編成の路面電車です。「未来×スピード」をコンセプトにつくられた超低床車両です。■5.4km ■広島駅～広電西広島 ■5両 ■電気

横川線　1000形（広島電鉄）

「グリーンムーバー LEX」という愛称の車両です。「グリーンムーバーエイペックス」よりも全長が短いので、横川線をはじめ、広島電鉄のすべての路線を走ることができます。■1.4km ■十日市町～横川駅 ■3両 ■電気

若桜線　WT3000形（若桜鉄道）

開業当時の鉄橋や駅舎などがいまもそのまま数多くのこっており、古きよきローカル線の雰囲気を感じることができます。赤褐色の観光列車「八頭」のほか、青色の「昭和」なども走っています。
■19.2km ■郡家～若桜 ■1両 ■ディーゼル

蒸気ではなく圧縮空気で動くSL「C12 167」が、イベントなどで若桜駅構内を走るよ。

阿佐東線　ASA300形（阿佐海岸鉄道）

ASA300形には「たかちほ」、ASA100形には「しおかぜ」の愛称があります。2020年には、線路も道路も走れる「DMV（デュアル・モード・ビークル）」の運行が計画されています。■8.5km ■海部～甲浦 ■1両 ■ディーゼル

ごめん・なはり線　9640形（土佐くろしお鉄道）

太平洋を泳ぐクジラをモチーフにした車両です。海側は窓のないオープンデッキになっているので、風と音を感じながら太平洋沿いの大眺望が楽しめます。■42.7km ■後免～奈半利 ■1両 ■ディーゼル

後免線　3000形（とさでん交通）

1908年に開業した、現役の路面電車でもっとも古い歴史がある路線です。「ハートラムⅡ」という愛称のついた超低床車両の3000形も走っています。■10.9km ■はりまや橋～後免町 ■3両 ■電気

とさでん交通本社の入り口脇では、「ハートラム」の形をした自動販売機で飲み物が買えるよ。

城南線　D1形（伊予鉄道）

明治時代に走っていたSLを復刻させた大人気の列車です。夏目漱石の小説『坊っちゃん』に登場したことから「坊っちゃん列車」という愛称で呼ばれています。■3.5km　■道後温泉〜西堀端　■1両　■ディーゼル

じつはSLをまねてつくったディーゼル機関車だよ。煙も出るから本物と見分けがつかないね。

琴平線　1080形（高松琴平電気鉄道）

「琴電」という略称で地元の人びとに親しまれています。1080形は京浜急行電鉄の路線を走っていた車両です。■32.9km　■高松築港〜琴電琴平　■2両　■電気

高浜線　3000系（伊予鉄道）

松山市に通勤・通学する人びとのために、郊外線は各方面にのびています。3000系は、もともと東京の京王電鉄井の頭線で走っていた車両です。■9.4km　■高浜〜松山市　■3両　■電気

線路が交差する鉄道？

別々の路線の線路が十字に交差するという、全国でもめずらしい場所が伊予鉄道の大手町電停付近にあります。高浜線の郊外電車が通るときには踏切が鳴り、大手町線の市内電車は一時停止して衝突しないようにしています。

鉄道の旅のおともにどうぞ
全国駅弁大集合

全国各地の駅で、その土地の特産品などを使った個性豊かな駅弁が販売されています。レイルマンやまさきが選んだ東西それぞれの駅弁ランキングを見てみましょう。

10位 かつおたたき弁当（高知駅）

「たたき」という刺身が入った、全国でもとてもめずらしい駅弁です。保冷剤で冷やされているので、冷たいかつおのたたきを食べることができます。

8位 かしわめし（折尾駅）

九州の郷土料理で、鶏肉を使った炊きこみご飯です。ご飯の味つけは秘伝としてうけつがれています。ホームでの立ち売りも名物です。

6位 トロッコ弁当（八川駅）

出雲そばの駅弁です。風味の強い手打ちそばに直接つゆをかけて食べます。特産品のマイタケもトッピングされています。

4位 有田焼カレー（有田駅）

日本ではじめてのカレー駅弁です。28種類のスパイスが入っています。器は佐賀県の伝統工芸品の「有田焼」で、食べたあとは再利用できます。

1位 あなごめし（宮島口）

宮島近海でとれたあなごのあらで炊きこんだご飯の上に、香ばしい焼きあなごがたっぷりのっています。1897年から販売している、あなごめしの駅弁の元祖です。

9位 元祖珍辨たこめし（三原駅）

タコ漁がさかんな三原の漁師料理。炊きこみご飯の上にタコの旨煮とシイタケやタケノコ、エビなどをのせた駅弁です。

7位 ますのすし（富山駅）

北陸地方を代表する駅弁です。笹の葉の上に脂ののったマスが敷きつめられています。昔ながらの木製の箱に入っています。

5位 元祖特撰牛肉弁当（松阪駅）

日本ではじめての、牛肉を使った駅弁です。やわらかい牛肉に秘伝の醤油ベースのタレがからめられている、発売開始以来のロングセラーです。

2位 百年の旅物語かれい川（嘉例川駅）

シイタケ、タケノコの炊きこみご飯や、郷土料理のサツマイモの天ぷら「がね」などが入った、やさしい味の駅弁です。弁当箱は竹の皮でつくられています。

3位 うなぎ弁当（新所原駅）

駅内にあるうなぎ専門店の「やまよし」でつくられています。背開きされ、関西風に焼いたうなぎは絶品です。

西

富山
八川
新所原
松阪
折尾
宮島口
三原
有田
高知
嘉例川

値段が15万円の「最高級駅弁」

東武日光駅の日光埋蔵金弁当は、とちぎ和牛のヒレステーキやキャビア、からすみ、日光刺身ゆばなどの高級食材がこれでもかと入っていますが、値段の秘密は日光彫と漆塗りの器と箸にあります。うつくしい作品ともいえる器などがつくられてから販売されます。

2位
牛肉どまん中（米沢駅）

ふっくらと炊かれた山形県産のお米「どまんなか」の上に、牛そぼろと牛肉煮がたっぷりとのっています。ニシンの昆布巻きや小芋煮などのおかずも絶品です。

8位
高原野菜とカツの弁当（小淵沢駅）

日本ではじめての、生野菜が入った駅弁です。新鮮な高原野菜のシャキシャキ感とやわらかいカツとの相性がばつぐんです。

1位
いかめし（森駅）

うるち米ともち米をイカのおなかにつめて炊きあげた、いかめし。肉厚のイカとご飯にしみこんだタレが食欲をかき立てます。何度食べてもあきのこない名物駅弁です。

6位
シウマイ弁当（横浜駅）

横浜名物のシウマイが入った駅弁です。昔からかわらない俵形のご飯のほか、鶏の唐揚げや玉子焼きなど、人気のおかずでいっぱいです。

3位
うに弁当（久慈駅）

三陸沖でとれたウニが入った駅弁です。ご飯もウニの汁で炊かれています。1日20個だけの限定販売なので、「幻の駅弁」とも呼ばれています。

4位
やまと豚弁当（神戸駅）

群馬県内の牧場で育った「やまと豚」を使った駅弁です。豚肉は特製のタレで味つけしています。オリジナルの手ぬぐいがついています。

10位
鶏めし弁当（大館駅）

東北を代表する駅弁です。鶏のスープで炊いたご飯に、甘辛く煮た鶏肉がのっています。お米は「あきたこまち」を使っています。

9位
摩周の豚丼（摩周駅）

甘辛い特製だれにからめて網で焼かれた、北海道産の豚ロースがたくさん入っています。肉は分厚いですが、とっても柔らかいのが特ちょうです。

7位
食べくらべ三大かにめし（稚内駅）

タラバガニ、ズワイガニ、毛ガニの3種類のカニを食べくらべできるぜいたくな駅弁です。カニ本来のうまみが味わえるよう、甘酢で味つけされています。

5位
極撰炭火焼き牛たん弁当（仙台駅）

炭火で焼かれた、仙台名物の牛たんがのっています。ひもを引くとあたたまる加熱式の容器なので、いつでも熱々の駅弁が味わえます。

近畿の路線と列車

レイルマンやまさきのポイント

近畿は私鉄の路線が多く、大阪・神戸・京都などではJRと私鉄が同じ区間を結ぶこともあり、おたがいがライバルのような存在です。都市部を走る通勤列車のほかに、個性豊かな地方の列車にも注目です。

紀勢本線　113系（JR西日本）

紀伊半島を海岸に沿って走っています。亀山から新宮まではJR東海、新宮から和歌山市まではJR西日本の路線です。■384.2km ■亀山〜和歌山市 ■2両 ■電気

JR東西線　321系（JR西日本）

1997年に、大阪の市街地を地下で通りぬけ、京橋と尼崎を結ぶ路線として開業しました。大阪の東西を都市部の混雑を避けて移動できます。■12.5km ■京橋〜尼崎 ■7両 ■電気

参宮線　キハ75形（JR東海）

愛知県の名古屋や三重県の都市部と、観光地である伊勢や鳥羽とを結んでいます。キハ75形を使用した快速「みえ」が走っています。■29.1km ■多気〜鳥羽 ■2両 ■ディーゼル

おおさか東線　201系（JR西日本）

もともと貨物線だった路線を改良し、旅客化した路線です。関西本線へ乗り入れる「直通快速」も走っています。■20.2km ■新大阪〜久宝寺 ■6両 ■電気

関西空港線　223系（JR西日本）

りんくうタウンから大阪湾に浮かぶ関西空港まで、道路と併用している連絡橋の下部をJRと南海の車両が走っています。■11.1km ■日根野〜関西空港 ■4両 ■電気

関西国際空港連絡橋は全長3750mで、トラス橋としては世界一の長さなんだ。

関西本線　キハ120系（JR西日本）

亀山から西はJR西日本の路線で、加茂までは非電化区間のため、キハ120系が走っています。加茂から奈良を通り、JR難波までは電化されています。その区間は「大和路線」とも呼ばれ、大阪への通勤路線となっています。■174.9km　■名古屋〜JR難波　■2両　■ディーゼル

湖西線　117系（JR西日本）

関西と北陸地方を短時間で結ぶためにつくられた路線です。高架やトンネルがほとんどで、列車の速度を向上させた高規格路線です。117系のほか、113系や221系、225系や521系など、さまざまな形式の車両が走っています。■74.1km　■山科〜近江塩津　■6両　■電気

桜島線　323系（JR西日本）

沿線に「ユニバーサル・スタジオ・ジャパン」が登場して以降は、いつも乗客が絶えない、にぎやかな路線になりました。「JRゆめ咲線」とも呼ばれています。大阪環状線に乗り入れて京橋や天王寺まで走る列車もあります。■4.1km　■西九条〜桜島　■8両　■電気

山陽本線　223系（JR西日本）

223系は番台によって、さまざまなちがいがあります。山陽本線を走る1000番台や2000番台の車両は「新快速」として時速130kmで運転できるように開発されました。車内は転換クロスシートで、ドア周辺には補助席もついています。■534.4km　■神戸〜門司　■12両　■電気

写真の余部橋梁は2代目です。初代は赤い鋼材の橋で、現在は鉄橋の一部が保存されているよ。

山陰本線　キハ47形（JR西日本）

京都から園部までの区間はアーバンネットワーク区間（大阪近郊の在来線）ですが、城崎温泉から先は非電化区間のため、ディーゼルカーが走ります。山陰海岸の絶景が車窓いっぱいに広がります。■673.8km　■京都〜幡生　■2両　■ディーゼル

大阪環状線　323系（JR西日本）

大阪を代表する路線です。環状という名のとおり、円をえがくように大阪をぐるっとまわっています。古い車両が引退して、新しい323系が走っています。■21.7km ■大阪〜大阪 ■8両 ■電気

東海道本線　225系（JR西日本）

京都〜大阪間は「JR京都線」と呼ばれ、JR西日本のアーバンネットワーク区間のメイン路線です。225系は、「新快速」として走る6代目の車両です。■589.5km ■東京〜神戸 ■8両 ■電気

阪和線　225系（JR西日本）

阪和線を走る225系は、写真の5100番台と5000番台です。「紀州路快速」や「区間快速」から普通列車まで、はば広くかつやくしています。■61.3km ■天王寺〜和歌山 ■4両 ■電気

福知山線　321系（JR西日本）

大阪〜篠山口の区間は「JR宝塚線」とも呼ばれています。尼崎からJR東西線に直通する列車と大阪へ向かう列車があり、都市部へ向かうときに便利です。■106.5km ■尼崎〜福知山 ■7両 ■電気

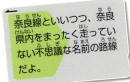

奈良線といいつつ、奈良県内をまったく走っていない不思議な名前の路線だよ。

奈良線　221系（JR西日本）

京都と奈良方面を結ぶ幹線ですが、一部に単線区間もあります。221系は普通列車のほか、すべての「みやこ路快速」で運転されています。■34.7km ■木津〜京都 ■4両 ■電気

鳥羽線　1240系（近畿日本鉄道）

鳥羽線は山沿いを走るためトンネルが多いのですが、一部の区間では海岸沿いを走り、景色が開けます。ほとんどの普通列車が2両編成でワンマン運転をおこなっています。■13.2km　■宇治山田〜鳥羽　■2両　■電気

クロスシート

ロングシート

奈良線　5820系（近畿日本鉄道）

L/Cカーの5820系は、阪神なんば線と相互直通運転をしているほか、京都線や大阪線でも走っています。■26.7km　■布施〜近鉄奈良　■6両　■電気

クロスシートとロングシートを、どちらにも自動で切りかえることができるL/Cカーです。

鉄道会社ライバル関係

近畿には、JRの路線のほかにも多くの私鉄の路線があります。大阪〜京都、大阪〜神戸、大阪〜宝塚、大阪〜奈良、大阪〜和歌山、京都〜奈良などの区間では、JRと私鉄各社がほぼ同じ駅間を結んでおり、おたがいにライバル関係にあります。もっとも多いのが大阪〜京都を結ぶ路線で、JR西日本、JR東海、阪急電鉄、京阪電鉄の4社が競合しています。到着までにかかる時間、車内サービス、料金など、各社がそれぞれ特色を出していて、利用者はどの列車に乗るかを選ぶことができます。

JR西日本

「新快速」は普通運賃で大阪〜京都を最速28分で結びます。

JR東海

新幹線N700Aは新大阪〜京都をわずか13分で結びます。

阪急電鉄

阪急の特急は大阪の梅田から京都の河原町までを400円で乗車できます。

京阪電鉄

特急8000系には有料ですがゆったりと座れる「プレミアムカー」があります。

けいはんな線　7020系（近畿日本鉄道）

線路の脇に設置された3本めのレールから電気をとって走る、「第三軌条方式」の電車です。そのためパンタグラフがなく屋根の上がすっきりしています。■18.8㎞　■長田～学研奈良登美ヶ丘　■6両　■電気

吉野線　6620系（近畿日本鉄道）

山肌一面がうすピンクに染まる桜の名所、奈良県の吉野へつづく路線です。多くの近鉄路線よりも線路のはばがせまくつくられています。■25.2㎞　■橿原神宮前～吉野　■4両　■電気

南北線　9000形（北大阪急行電鉄）

「ポールスターⅡ」と呼ばれる車両が走る路線です。「竹林」をテーマにマルーンやアイボリー、赤色でデザインされています。Osaka Metroの御堂筋線と相互直通運転しています。■5.9㎞　■江坂～千里中央　■10両　■電気

上町線　1001形（阪堺電気軌道）

「堺トラム」とも呼ばれる超低床車両です。車体の色は地元出身の茶人・千利休の「わび」をイメージした白茶をベースに、「和」のおもてなし空間を演出しています。■4.3㎞　■天王寺駅前～住吉　■3両　■電気

魚を運ぶ鮮魚列車

「鮮魚列車」は近鉄の大阪上本町～宇治山田間を走り、三重県の漁港の新鮮な海産物を奈良・大阪方面へと運ぶ行商人のための列車です。一般の乗客は乗ることができない特別な列車です。

阪神なんば線　1000系（阪神電気鉄道）

1000系は、近鉄奈良線との相互直通運転を考えてつくられました。環境に配慮するとともにバリアフリーも充実した車両です。■10.1km ■尼崎～大阪難波 ■6両 ■電気

阪神本線　5700系（阪神電気鉄道）

神戸高速線を経由して山陽電鉄への乗り入れをおこなっています。5700系は各駅停車用の車両で、「ジェット・シルバー5700」の愛称がつけられています。■32.1km ■大阪梅田～元町 ■4両 ■電気

有馬線　6500系（神戸電鉄）

いままでの車両の約60％の電力で走ることができる省エネ車両です。つり手や手すりなどは、高齢者でも利用しやすいつくりになっています。■22.5km ■湊川～有馬温泉 ■3両 ■電気

本線　6000系（山陽電気鉄道）

車体の前面やドアは、赤色より深みのある「イノセントレッド」でデザインされています。阪神電鉄に乗り入れる直通特急から普通列車まで、はば広く使用されています。■54.7km ■西代～山陽姫路 ■3両 ■電気

神戸本線　1000系（阪急電鉄）

大阪の梅田と神戸方面を結ぶ路線です。1000系は、神戸本線、宝塚本線を走る通勤形の車両で、静かさと省エネルギー性能、バリアフリーなどにこだわってつくられました。■32.3km ■大阪梅田～神戸三宮 ■8両 ■電気

車両をもたない鉄道会社!?

神戸市内に乗り入れている阪神、阪急、山陽、神戸電鉄の4つの鉄道会社は、それぞれの駅がはなれていて乗りかえが不便でした。そこで、4社の線路を結んで相互直通運転をする目的で「神戸高速鉄道」という会社がつくられました。神戸高速鉄道は新しく線路や駅をつくり、私鉄4社はそれらを借りるお金をしはらっています。神戸高速鉄道は車両をもたず乗務員もいません。鉄道の施設だけをもっていて、他社に列車の運行をまかせています。このような会社を「第三種鉄道事業者」といいます。

高速神戸駅には阪神、阪急、山陽の3社が乗り入れています。

「第一種鉄道事業者」は、線路や駅など自前の鉄道施設で人や貨物を運ぶ会社だよ。

「第二種鉄道事業者」は、ほかの会社がもっている鉄道施設を借りて、人や貨物を運ぶ会社だよ。

宇治線　13000系（京阪電気鉄道）

京阪電鉄の最新型車両で、安全性を高め、消費電力を大幅におさえた電車です。下に脚や機器のない「片持ち式」の座席も、京阪電鉄でははじめて採用されました。■7.6km ■中書島～宇治 ■4両 ■電気

京阪本線　3000系（京阪電気鉄道）

京都と大阪を結ぶ路線です。3000系は中之島線の開業に合わせて登場しました。「コンフォート・サルーン」という愛称で、特急や快速急行などで運転されています。■49.3km ■淀屋橋～三条 ■8両 ■電気

京津線 800系（京阪電気鉄道）

地下鉄と路面電車区間の両方を走ることができるのは、全国でもこの800系だけです。急な坂や急カーブにも強く、さまざまな場面でかつやくできる車両です。■7.5km ■御陵～びわ湖浜大津 ■4両 ■電気

京阪本線 8000系（京阪電気鉄道）

ごうかな車両「プレミアムカー」を連結して走ります。2008年から車両のリニューアルがはじまり、テレビが撤去され、塗装が変更されました。■49.3km ■淀屋橋～三条 ■8両 ■電気

「ひえい」は観光用車両だけど通常の運賃で乗れてお得だよ。火曜日は運休なので注意してね。

叡山本線 デオ730形（叡山電鉄）

金色の楕円が目をひく観光用の車両です。客室の窓もすべて楕円形という、おもしろいデザインの列車です。■5.6km ■出町柳～八瀬比叡山口 ■1両 ■電気

宮福線　KTR700形（WILLER TRAINS）

「松」をテーマにつくられた観光列車で、「丹後あおまつ号」という愛称がついています。さまざまなタイプの座席からは、白い砂浜と青々とした松がある、日本海の白砂青松を眺めることができます。■30.4km　■福知山～宮津　■1両　■ディーゼル

「丹後あおまつ号」や「丹後あかまつ号」は、水戸岡鋭治氏がデザインした車両だよ。

宮津線　KTR700形（WILLER TRAINS）

「丹後あかまつ号」と呼ばれる観光列車が走っています。木材を多用した開放感ある車内の窓に向いた座席からは、移りかわる景色がゆったりと存分に楽しめます。

■83.6km　■西舞鶴～豊岡　■1両　■ディーゼル

北条線　フラワ2000形式（北条鉄道）

北条鉄道は駅長を募集したり、「サンタ列車」や「かぶと虫列車」などいろいろなイベント列車を走らせたりと、さまざまな取り組みをして注目を集めています。■13.6km　■粟生～北条町　■1両　■ディーゼル

高野線　2200系（南海電気鉄道）

山岳区間を走る車両です。「天空」と呼ばれる2200系では、大型の窓や森林の空気が吹きぬける展望デッキから、自然を肌で感じることができます。■64.5km　■汐見橋〜極楽橋　■2両　■電気

「天空」はかつて高野線を走っていた「ズームカー」と呼ばれる22000系を改造した列車だよ。

展望デッキ

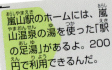

▲風が吹きぬける展望デッキです。

南海本線　8300系（南海電気鉄道）

外観のデザインは今までとあまり変わりませんが、すべての明かりをLED電球にしたり、車内表示器を4か国語に対応させたりした、人と環境にやさしい省エネ車両です。■64.2km　■難波〜和歌山市　■6両　■電気

紀州鉄道線　KR301（紀州鉄道）

全長がわずか2.7kmの短いローカル線です。もともと信楽高原鐵道を走っていたKR301やKR205が、民家の軒先をかすめるように走っていきます。■2.7km　■御坊〜西御坊　■1両　■ディーゼル

嵐山駅のホームには、嵐山温泉の湯を使った「駅の足湯」があるよ。200円で利用できるんだ。

嵐山本線　モボ21形（京福電気鉄道）

京都市内北西部にある神社や寺、嵐山などの観光地へと向かう路面電車の路線です。モボ21形は、レトロな雰囲気を再現した人気の車両です。■7.2km　■四条大宮〜嵐山　■1両　■電気

伊賀線　200系（伊賀鉄道）
忍者の里と呼ばれる伊賀上野周辺を走ります。ユニークな車両「忍者列車」は、外観のほか車内にも忍者にちなんださまざまなしかけがあります。■16.6km ■伊賀上野〜伊賀神戸 ■2両 ■電気

車内

貴志川線　2270系（和歌山電鐵）
貴志駅の駅長だった「たま」というネコをモチーフにした「たま電車」です。ほかにも地元特産の梅をモチーフにした「うめ星電車」やイギリスの鉄道アニメをモチーフにした「チャギントン電車」も走っています。■14.3km ■和歌山〜貴志 ■2両 ■電気

おもちゃ電車

和歌山電鐵の路線では、世界ではじめて列車にガチャガチャマシーンを設置した「おもちゃ電車」が走っています。「おもでん」とも呼ばれて親しまれています。

中百舌鳥行きの列車の行き先表示器には、ひらがなで「なかもず」と表示されるんだよ。

御堂筋線　30000系
（Osaka Metro）

大阪でもっとも歴史のある地下鉄です。御堂筋という大きな通りの地下を通っていることから、この路線名がつけられました。30000系は谷町線でも走っています。■24.5km ■江坂〜中百舌鳥 ■10両 ■電気

堺筋線　66系
（Osaka Metro）

阪急電鉄の千里線や京都本線に乗り入れているので、阪急の車両にあわせて1両にある乗降扉は片側3つになっています。■8.1km ■天神橋筋六丁目〜天下茶屋 ■8両 ■電気

千日前線　25系（Osaka Metro）

大阪で5番めに開業した地下鉄です。2014年にホームドアが設置され、2015年にワンマン運転化されました。車体のラインは、千日前線のラインカラーである桃色です。■13.1km ■野田阪神〜南巽 ■4両 ■電気

長堀鶴見緑地線　70系
（Osaka Metro）

1990年3月に、日本ではじめて動力に「鉄輪式リニアモーター」を採用した地下鉄として登場しました。モーターが小さいので、ほかの車両にくらべて車体がコンパクトな「ミニ地下鉄」です。■15.0km ■大正〜門真南 ■4両 ■電気

中央線　20系（Osaka Metro）

1984年に近鉄けいはんな線と相互直通運転するのを機に登場しました。路線の約1/4が地上区間を走る、めずらしい地下鉄です。■17.9km ■コスモスクエア〜長田 ■6両 ■電気

烏丸線　10系（京都市交通局）

京都市初の地下鉄路線です。1997年に国際会館まで路線がのびました。竹田からは近鉄京都線に乗り入れています。■13.7㎞　■国際会館〜竹田　■6両　■電気

東西線　50系（京都市交通局）

日本で2番めにホームドアが設置されました。御陵からは京阪京津線につながっていますが、地下鉄の車両は乗り入れをしていません。■17.5㎞　■六地蔵〜太秦天神川　■6両　■電気

山手線　6000形（神戸市交通局）

山手線、西神線、西神延伸線の3路線を統合して「西神・山手線」と呼ばれています。6000形はバリアフリーや安全性を高めてつくられた車両です。■7.6㎞　■新長田〜新神戸　■6両　■電気

西神延伸線　3000形（神戸市交通局）

従来の車両とちがい、VVVFインバータを採用するなど、省電力化をはかっています。西神延伸線はすべての区間が地上にある、地下鉄ではゆいいつの路線です。■9.4㎞　■名谷〜西神中央　■6両　■電気

8色の地下鉄

Osaka Metroには8つの路線があり、利用する人が乗りまちがえたりしないように、それぞれの路線にラインカラーが定められています。車両のデザインや駅名板などにもラインカラーが使われているので、どの路線にいるのかがひと目でわかります。

▶今里筋線のラインカラーはオレンジです。

御堂筋線
谷町線
四つ橋線
中央線
千日前線
堺筋線
長堀鶴見緑地線
今里筋線

海岸線　5000形（神戸市交通局）

海岸線は「夢かもめ」という愛称で呼ばれています。「鉄輪式リニアモーター」を使用している「ミニ地下鉄」です。■7.9㎞　■三宮・花時計前〜新長田　■4両　■電気

地中をほって道をつくる
地下鉄の線路

地下鉄の線路は、地中をほってつくられます。どのようにしてつくられているのか、工事の一部を紹介します。

地下鉄の線路

シールドマシン

地下鉄や下水道用のトンネルなどをつくるときにかつやくする機械です。地中を横方向にほり進むことができます。

トンネルをつくる

地下鉄の線路をつくるときは、まずはトンネルをつくり、それから線路を設置します。トンネルをつくる方法はいくつかありますが、現在もっとも多く使われている方法が「シールド工法」です。「シールドマシン」で地中をほり進めながら、かべをつくっていく方法です。

ジャッキ

組み立てられたセグメントにおしつけて、シールドマシンを前進させます。

セグメント

鉄筋コンクリートなどでできたブロックです。組み立てられてトンネルのかべになります。

カッターフェイス

土をほり進める部分です。超合金でできた、かたい刃がついています。

エレクター

ほりおえた部分に自動でセグメントを組み立てる装置です。

❶ カッターフェイスで地中をほる

ジャッキ

ジャッキをのばし、カッターフェイスを回して地中をほります。上の写真はカッターフェイスの内側です。

❷ セグメントやほられた土を運ぶ

パイプ

ベルトコンベアー

セグメントをエレクターまで運び、ほられた土はベルトコンベアーやパイプで地上へ運びだされます。

❸ ジャッキをちぢめる

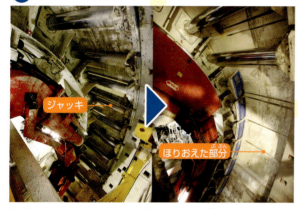

ジャッキ

ほりおえた部分

セグメントをおしつけていたジャッキをちぢめます。シールドマシンがほりおえた部分（シールドマシンの側面の内側）が出てきます。

❹ エレクターがセグメントを取りつける

ほりおえた部分に、エレクターがセグメントを組み立てて、かべをつくります。

❺ 取りつけの確認

セグメントがきちんと取りつけられているか、人の手で確認していきます。取りつけができたら❶の作業にもどり、くりかえしほり進めていきます。

❻ 線路の設置　トンネルができたら、線路を設置します。

中部の路線と列車

レイルマンやまさきのポイント

日本アルプスがあり、山岳地帯が多い中部地方の鉄道の車窓には、迫力のある景色が広がります。またリニアモーターカーやガイドウェイバスなど、変わった鉄道があるのも特ちょうです。

大糸線　E127系（JR東日本）

大糸線は南小谷を境に南側はJR東日本の電化区間、北側はJR西日本の非電化区間とに分かれています。E127系は電車なので、松本と南小谷の間を走っています。　■105.4km　■松本〜糸魚川　■2両　■電気

飯山線　キハ110系（JR東日本）

飯山線の沿線はスキー場が多く、日本でも有数の豪雪地帯です。路線には、日本でいちばん雪が積もった駅として有名な森宮野原があります。　■96.7km　■豊野〜越後川口　■2両　■ディーゼル

信越本線　E129系（JR東日本）

北陸新幹線の延伸開業で、2区間あった信越本線は3区間に分かれました。E129系は、もっとも北にある直江津と新潟の間を走っています。　■175.3km　■高崎〜横川、篠ノ井〜長野、直江津〜新潟　■4両　■電気

小海線　キハE200形（JR東日本）

キハE200形は、ディーゼルエンジンで発電した電気や蓄電池に蓄えた電気を利用して走行する、世界初の「ディーゼルハイブリッドシステム」を採用したディーゼルカーです。　■78.9km　■小淵沢〜小諸　■2両　■ディーゼル

■路線の距離　■路線の区間　■編成　■車両の動力

氷見線　キハ40形（JR西日本）

富山県内を走る氷見線には氷見市出身の漫画家・藤子不二雄Ⓐ氏にちなんだ、『忍者ハットリくん』のキャラクターのラッピングがされた列車が走っており、人気があります。■16.5km ■高岡〜氷見 ■2両 ■ディーゼル

北陸本線　521系（JR西日本）

2015年3月に北陸新幹線が延伸開業したため、金沢〜直江津には第三セクターが3社誕生しました。それにともない、北陸本線は金沢までと短くなりました。■176.6km ■米原〜金沢 ■2両 ■電気

越美北線　キハ120系（JR西日本）

写真の「越前大野城号」や「恐竜化石号」など、在籍する5両のうち3両が地元の特色をアピールしたラッピング列車になっています。■52.5km ■越前花堂〜九頭竜湖 ■1両 ■ディーゼル

小浜線　125系（JR西日本）

125系は1両でも走ることができるように、車両の両端に運転台がついています。このような両運転台の電車は、JRになってからつくられた車両としてはとてもめずらしいです。■84.3km ■敦賀〜東舞鶴 ■2両 ■電気

太多線　キハ75形（JR東海）

おもに、岐阜市内に通勤・通学する人びとが利用する路線です。キハ75形は高山本線のほか、名古屋から鳥羽を結ぶ快速「みえ」としてもかつやくしています。■17.8km ■多治見〜美濃太田 ■2両 ■ディーゼル

高山本線　キハ25形（JR東海）

高山本線は観光地や景勝地を通って太平洋側と日本海側を結んでいます。岐阜から猪谷までがJR東海、猪谷から富山までがJR西日本の区間です。■225.8km ■岐阜〜富山 ■2両 ■ディーゼル

東海道本線　313系（JR東海）

ローカル線のワンマン列車から、名古屋を中心に新快速に使われるなど、313系はJR東海でもっとも両数の多い車両です。■589.5km ■東京〜神戸 ■3両 ■電気

大垣〜関ケ原間には、貨物列車や特急列車だけが走る、もう1本の下り線が敷かれているよ。

武豊線　313系（JR東海）

武豊線は愛知県ではじめてつくられた鉄道路線で、歴史があります。利用客の増加にともなって2015年に電化されました。313系は電車なので、電化後に走りはじめた車両です。■19.3km　■大府～武豊　■2両　■電気

中央本線　211系（JR東海）

211系は国鉄時代につくられた車両です。いまでも中央本線や関西本線のほか、東海道本線の静岡地区などでかつやくしています。■394.9km　■神田～代々木、新宿～名古屋　■8両　■電気

名古屋本線　9500系（名古屋鉄道）

愛知県の豊橋と岐阜県を結ぶ名古屋鉄道の路線です。9500系は名古屋鉄道初の車内防犯カメラや、無料でインターネットに接続することができる「MEITETSU FREE Wi-Fi」を搭載しています。■99.8km　■豊橋～名鉄岐阜　■4両　■電気

空港線　6000系（名古屋鉄道）

空港線は中部国際空港セントレアの開港にともなって、第三セクターの中部国際空港連絡鉄道がつくりました。名古屋鉄道は空港線では、線路や駅を借りて列車を運行する「第二種鉄道事業者」です。■4.2km　■常滑～中部国際空港　■4両　■電気

瀬戸線　4000系（名古屋鉄道）

4000系は瀬戸線専用の通勤形車両で、騒音や振動をおさえるなど、沿線の環境に配慮したつくりです。車いす用のスペースがあるなど、車内はバリアフリーに対応しています。■20.6km　■栄町～尾張瀬戸　■4両　■電気

名古屋線　5200系（近畿日本鉄道）

快適さを追求して、自動転換クロスシートを採用した急行用の車両です。正面の窓を曲面にしたほか、客室からの眺めをよくするために、貫通扉の窓ガラスを縦長にしています。■78.8km　■伊勢中川～近鉄名古屋　■4両　■電気

■路線の距離　■路線の区間　■編成　■車両の動力

静岡清水線　A3000形（静岡鉄道）

1908年から運行している、歴史のある鉄道です。静岡県にちなんだ虹の色をイメージした7色の車両などが、2両編成で走っています。
■11.0km ■新静岡〜新清水 ■2両 ■電気

明知線　アケチ100形（明知鉄道）

明知鉄道は国鉄時代の明知線を引きついだ第三セクターです。車内で寒天料理など季節に応じた食事を楽しめる「食堂車」も人気の列車です。
■25.1km ■恵那〜明智 ■1両 ■ディーゼル

西名古屋港線　1000形（名古屋臨海高速鉄道）

西名古屋港線は「あおなみ線」とも呼ばれています。金城ふ頭の近くには鉄道博物館「リニア・鉄道館」があります。■15.2km ■名古屋〜金城ふ頭 ■4両 ■電気

DVD 見てみよう！ おもしろ鉄道大集合

東部丘陵線　100形（愛知高速交通）

2005年に開業した、日本ではじめてのリニアモーターカーの路線です。「リニモ」と呼ばれています。磁石の力で浮き上がって進むので、乗りごこちも快適です。■8.9km ■藤が丘〜八草 ■3両 ■磁力

東田本線　T1000形（豊橋鉄道）

T1000形は2008年に登場した、狭軌用としては初の純国産全面低床車両で、「ほっトラム」という愛称で親しまれています。2両めには台車がなく、浮いています。■4.8km ■駅前〜赤岩口 ■3両 ■電気

バスなのに鉄道？

名古屋市の大曽根駅からは、専用軌道を「ガイドウェイバス」（写真上）が走っています。車体の案内装置を使ってレールに沿って、専用軌道を走るため、渋滞がないのが特ちょうです。いっぽう、立山黒部アルペンルートには、トロリーポールを使用して架線から電気を取りこむ「トロリーバス」（写真下）が走っています。かつては「トロバス」と呼ばれ、都市部を中心に走っていましたが、いまではここしかのこっていません。これらは見た目はバスですが、「無軌条電車」と呼ばれ、鉄道としてあつかわれています。

中部の路線と列車

多くの駅に料理がとてもおいしい飲食店が入っているため、「グルメ路線」とも呼ばれているよ。

天竜浜名湖線 TH2100形（天竜浜名湖鉄道）
国鉄時代の二俣線を引きついだ路線です。沿線には当時の鉄道施設が数多くのこり、それらのほとんどが国の登録有形文化財に登録されています。■67.7km ■掛川～新所原 ■1両 ■ディーゼル

越美南線 ナガラ300形（長良川鉄道）
もともとはJR西日本の越美北線とつながる予定でしたが、1986年に国鉄越美南線が廃止されたため、第三セクターの長良川鉄道が引きついで運営しています。■72.1km ■美濃太田～北濃 ■1両 ■ディーゼル

しなの鉄道線 115系（しなの鉄道）
国鉄時代につくられた車両が走っています。しなの鉄道は、北陸新幹線延伸開業後、長野～妙高高原間を「北しなの線」としてJR東日本から引きつぎ、2路線となりました。■65.1km ■軽井沢～篠ノ井 ■3両 ■電気

福武線 F10形（福井鉄道）
ドイツを走っていた路面電車の車両です。車内には冷暖房がないため、春と秋の土日や祝日中心に走っています。■21.5km ■越前武生～田原町 ■2両 ■電気

富山港線 TLR0600形（富山地方鉄道）
もともとはJRのローカル線だった路線を引きつぎ、路面電車を走らせました。列車の本数を増やしたことで乗客が増え、都市交通の新たなモデルとして注目されています。■7.7km ■富山駅～岩瀬浜 ■2両 ■電気

駿豆線 1300系（伊豆箱根鉄道）
富士山を望む景色のよいところを走る路線です。西武鉄道からゆずりうけた新101系を改造した1300系が走っています。■19.8km ■三島～修善寺 ■3両 ■電気

134 ■路線の距離 ■路線の区間 ■編成 ■車両の動力

座席

伊豆急行線　2100系（伊豆急行）
景色が楽しめるように、展望席や窓に向いた座席があります。赤く塗られた車体であるものは、伊豆の名産であるキンメダイをイメージした「キンメ電車（Izukyu KINME Train）」と呼ばれています。
■45.7km　■伊東〜伊豆急下田　■7両　■電気

名城線　2000形（名古屋市交通局）
2004年に全線が開業し、日本の地下鉄ではじめての環状線となりました。「右回り」や「左回り」という表記で列車の案内がされています。2000形は先頭車両前面の曲面ガラスが特ちょうです。■26.4km　■金山〜金山　■6両　■電気

名港線　2000形（名古屋市交通局）
もとは名城線と呼ばれていましたが、環状線が完成したのを機にその名をゆずり、名港線となりました。ほとんどの列車が名城線に乗り入れています。■6.0km
■金山〜名古屋港　■6両　■電気

上飯田線　7000形（名古屋市交通局）
たったひと駅の区間しかなく、距離もわずか0.8kmと、日本でいちばん距離の短い地下鉄路線です。上飯田で名鉄小牧線と相互直通運転をしています。■0.8km　■上飯田〜平安通　■4両　■電気

桜通線　6050形（名古屋市交通局）
2011年に野並〜徳重間が開業して、全線が開通しました。名古屋市交通局では桜通線だけが「ATO（自動列車運転装置）」を採用しています。
■19.1km　■中村区役所〜徳重　■5両　■電気

鶴舞線　N3000形（名古屋市交通局）
名鉄犬山線や豊田線と相互直通運転をしています。N3000形は車いすスペースと優先席などを各車両に設置したバリアフリー対応の車両です。■20.4km　■上小田井〜赤池　■6両　■電気

東山線　N1000形（名古屋市交通局）
東山線は名古屋市で最初に開業した地下鉄で、「第三軌条方式」を取り入れています。名古屋市交通局の路線で、もっとも多くの人が利用します。■20.6km　■高畑〜藤が丘　■6両　■電気

鉄道なんでもナンバーワン

車両の最高時速、鉄道橋の長さ、駅の利用者数……
鉄道のさまざまなナンバーワンを見てみましょう。

車両や橋・トンネルのナンバーワン

No.1

最高時速 **320 km**

こまち E6系 はやぶさ E5系 はやぶさ H5系

北海道新幹線・東北新幹線の「はやぶさ」と秋田新幹線の「こまち」は、最高時速320㎞で走る、日本でいちばん速い車両です。

最高時速 **15 km**

潮風号 平成筑豊鉄道のトロッコ列車「潮風号」は、最高時速15㎞で走る、日本でいちばん遅い列車です。

走行距離 **1174.9 km**

のぞみ N700A 東京と博多を結ぶ新幹線「のぞみ」の走行距離は1174.9㎞です。日本でいちばん長い距離を走ります。

ノーズの長さ **15 m**

ノーズ

はやぶさ H5系 はやぶさ E5系 こだま 500系

ノーズとは、先頭車両のかたむきはじめから先の部分のことです。E5系と500系のノーズの長さは日本でいちばん長い15mです。

全長 **3868 m**

第一北上川橋梁 東北新幹線の第一北上川橋梁は日本でいちばん長い鉄道橋です。

青函トンネル 本州と北海道を結ぶ北海道新幹線の青函トンネルは、日本でいちばん長い鉄道トンネルです。

全長 **53.85 km**

駅や路線のナンバーワン

新宿駅

乗客 79 万人

JR新宿駅は、1日におよそ79万人が利用しています。JR以外の私鉄などの路線もふくめると300万人近くの利用者数をほこります。

東京駅

ホーム数 30 線

たくさんの路線が乗り入れているため、日本でいちばんホームの線数が多いです。

京都駅

ホームの長さ 558 m

京都駅の0番線・30番線は日本でいちばん長いホームです。

野辺山駅

標高 1345 m

日本の普通鉄道の駅で、標高がいちばん高い場所にあります。

六本木駅（大江戸線）

深さ 42.3 m

大江戸線の六本木駅は、日本で営業している地下鉄の駅でいちばん地面から深い場所にあります。

南阿蘇水の生まれる里白水高原駅

南阿蘇鉄道の駅で、ひらがなにすると22文字もある、いちばん長い駅名です。

長い駅名 22 文字

長者ヶ浜潮騒はまなす公園前駅

ちょうじゃがはましおさい はまなすこうえんまえ

長者ヶ浜潮騒はまなす公園前

CHŌJAGAHAMASHIOSAI HAMANASUKŌENMAE

かしまおおの　　こうやだい

鹿島臨海鉄道の駅です。駅の近くには「大野潮騒はまなす公園」があります。

津駅

短い駅名 1 文字

JR　つ　津　Tsu
あこき　（三重県津市）　いしんでん
Akogi　　　　　　　　　Ishinden

三重県にある津駅は、いちばん短い駅名です。

井川線

大井川鐵道の井川線は、90パーミル（1000m進む間に90mの高さを登る）のかたむきがついた、日本でいちばん急勾配を登る路線です。

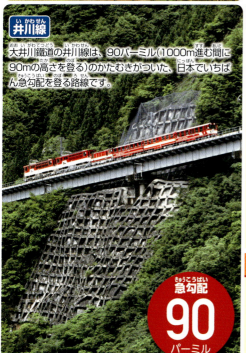

急勾配 90 パーミル

まだまだある！ 鉄道のナンバーワン

最短営業距離 2.2 km

芝山鉄道

千葉県を走る芝山鉄道は、日本の普通鉄道のなかでいちばん短い路線です。駅は東成田と芝山千代田の2つしかありません。

最長営業距離 7401.7 km

JR東日本

JR東日本は、貨物線をのぞいて、日本でいちばん長い営業距離をもつ鉄道会社です。

最古の私鉄 1885 年

南海電気鉄道

現在も営業している私鉄のなかでは、南海電気鉄道がいちばん古い歴史をもちます。南海電気鉄道の前身となる阪堺鉄道は、1885年に営業開始されました。

私鉄最長営業距離 501.1 km

近畿日本鉄道

近畿日本鉄道は、私鉄のなかでいちばん長い営業距離をもっています。

都道府県別！ 鉄道ナンバーワン

北海道 日本一 **鉄道路線が長い**

すべての鉄道を合わせた距離は2641.5kmです。

沖縄県 日本一 **鉄道路線が短い**

路線はゆいレールのみで、営業距離は17.0kmです。

東京都 日本一 **鉄道の密度が高い**

2位は大阪府、3位は神奈川県です。

沖縄県 日本一 **鉄道の密度が低い**

ゆいレールしか走っていないためです。

関東の路線と列車

レイルマンやまさきのポイント

関東では多くの路線が複雑に交わりあっていて、各社の路線で相互直通運転がさかんにおこなわれています。たくさんの人を輸送するために列車の運転本数も多く、通勤形でロングシートの車両が多いのも特ちょうです。

日光線 205系（JR東日本）
観光地の日光へ向かう人びとでにぎわう路線です。沿線の駅は、すべて西洋レトロ風にリニューアルされています。■40.5km
■宇都宮～日光 ■4両 ■電気

日光駅は明治時代の面影がのこる洋風建築の駅舎で、レトロな雰囲気の格子窓があるよ。

烏山線 EV-E301系（JR東日本）
EV-E301系は電化区間で充電した蓄電池の電力で非電化区間を走行する、めずらしい車両です。「ACCUM」とも呼ばれています。従来のディーゼルカーより排気ガスや騒音がへりました。■20.4km ■宝積寺～烏山 ■2両 ■電気

横須賀線 E217系（JR東日本）
車体のラインには横須賀の海の青色と砂浜のクリーム色を使用しているので、E217系は「横須賀色」と呼ばれています。横須賀線には湘南新宿ラインの列車も走ります。■23.9km ■大船～久里浜 ■15両 ■電気

横浜線 E233系（JR東日本）
横浜線のE233系には6000番台が使用されています。車体には「YOKOHAMA LINE」とかかれた横浜線のロゴマークがあり、ほかの路線を走るE233系とはデザインがちがいます。■42.6km ■東神奈川～八王子 ■8両 ■電気

久留里線　キハE130系（JR東日本）
首都圏では数少ない非電化区間のローカル線です。2012年からは、久留里線用のカラーリングをしたキハE130系が走っています。■32.2km　■木更津～上総亀山　■2両　■ディーゼル

京浜東北線　E233系（JR東日本）
京浜東北線は正式名称ではなく、東北本線の大宮から東海道本線の横浜までの各駅を結ぶ路線の愛称です。日中は田端～浜松町で快速運転をおこなっています。■59.1km　■大宮～横浜　■10両　■電気

宇都宮線　E231系（JR東日本）
東北本線の上野～黒磯の区間の愛称です。上野東京ラインを経由して、東海道本線へ乗り入れ、熱海や伊東などへ向かいます。E233系も走っています。■159.7km　■上野～黒磯　■15両　■電気

山手線　E235系（JR東日本）
東京を代表する山手線は、じつは環状線ではありません。品川～田端が山手線の正式な区間で、田端～東京は東北本線、東京～品川は東海道本線の区間です。E235系は多くの新しい技術がつまった車両です。■20.6km　■品川～田端　■11両　■電気

車内は明るくすっきりとしています。

埼京線　E233系（JR東日本）
埼玉県南部と都心を結ぶ路線の愛称です。東京臨海高速鉄道りんかい線や、相模鉄道本線と相互直通運転をしています。■36.9km　■大崎～大宮　■10両　■電気

常磐線　E531系（JR東日本）
上野～取手は直流区間、取手から北は交流区間になるため、E531系は両方の区間を走れる交直流電車です。上野東京ラインを通る品川発着の列車もあります。■343.7km　■日暮里～岩沼　■15両　■電気

湘南新宿ライン・上野東京ライン

JR東日本では、ちがう路線同士で直通運転がはじまるときに、その区間に新しく愛称をつけて利用者にわかりやすくしています。その代表的な例が「湘南新宿ライン」と「上野東京ライン」です。湘南新宿ラインは、宇都宮線と高崎線の列車が山手貨物線を経由して、横須賀や東海道本線と直通運転するようになったものです。上野東京ラインは、宇都宮線や高崎線、常磐線の列車が走り、東海道本線と直通運転しています。こうすることで乗りかえをする必要がなくなり、とても便利になりました。

2015年から走りはじめた「上野東京ライン」の列車です。「宇都宮線直通」と表示されています。

八高線　キハ110系（JR東日本）

キハ110系は非電化区間の高麗川〜倉賀野間を走っている、JR東日本の代表的なディーゼルカーです。関東で見ることができるのは八高線だけです。

■92.0km　■八王子〜倉賀野　■2両　■ディーゼル

吾妻線　211系（JR東日本）

沿線に建設される八ッ場ダムによって一部の区間が水没するため、2014年に岩島〜長野原草津口が新しいルートになりました。国鉄時代につくられた211系が、普通列車として走っています。■55.3km　■渋川〜大前　■4両　■電気

中央・総武線　E231系（JR東日本）

中央本線と総武本線を各駅停車で結ぶ路線の愛称です。山手線を走っていた白いスカートのE231系や、一部の区間では東京メトロ東西線に乗り入れる青いラインのE231系も走っています。■60.2km　■千葉〜三鷹　■10両　■電気

鶴見線　205系（JR東日本）

鶴見線には浅野〜海芝浦間と武蔵白石〜大川間の2つの支線があります。おもに京浜工業地帯に通勤する人のための路線なので、列車は朝夕に多く、昼間はほとんど走っていません。■7.0km　■鶴見〜扇町　■3両　■電気

内房線　209系（JR東日本）

房総半島の東京湾沿いにある海水浴場や観光地を結びながら南下していきます。君津まではE217系も数多く走っています。■119.4km　■蘇我〜安房鴨川　■6両　■電気

川越線　E231系（JR東日本）

川越線を走るE231系は3000番台で、昔は中央・総武線でかつやくしていました。多くの列車が高麗川から八高線に乗り入れています。

■30.6km　■大宮〜高麗川　■4両　■電気

上越線　211系（JR東日本）

山深いところを走る上越線には、ループ線（106ページ）で峠をこえる区間があります。211系は高崎〜水上間を走っています。■162.6km ■高崎〜宮内 ■4両 ■電気

南武線　E233系（JR東日本）

南武線には、2014年からE233系が走りはじめました。車体には沿線の街並みをイメージしたロゴマークが2種類つけられ、愛着を感じられるデザインになっています。■35.5km ■川崎〜立川 ■6両 ■電気

武蔵野線　209系（JR東日本）

もとは貨物線として建設されましたが、沿線の人口が増加し旅客列車が増えつづけ、いまでは東京の外周をささえる重要な路線となっています。京葉線に乗り入れています。■71.8km ■府中本町〜西船橋 ■8両 ■電気

中央本線　E233系（JR東日本）

おもに東京と高尾の間で、快速運転をしています。青梅線や五日市線、富士急行富士急行線にも乗り入れており、通勤快速や青梅特快などの快速列車があります。■394.9km ■神田〜代々木、新宿〜名古屋 ■10両 ■電気

すべての車両が2階建ての215系も、朝と夜のみ「湘南ライナー」として走っているよ。

東海道本線　E231系（JR東日本）

東海道本線の列車は上野東京ラインとして、宇都宮線や高崎線、常磐線に乗り入れています。東京〜熱海間を「快速アクティー」として走る列車もあります。■589.5km ■東京〜神戸 ■15両 ■電気

田園都市線　2020系（東急）

東京メトロ半蔵門線や東武伊勢崎線、東武日光線と相互直通運転しています。2020系は、座席の乗りごこちをよくするなど、快適な車内がじまんの車両です。■31.5km ■渋谷〜中央林間 ■10両 ■電気

東横線　5000系（東急）

高級住宅地やオシャレな街を結ぶ人気の路線です。渋谷駅から東京メトロ副都心線に乗り入れて、東武東上本線、西武池袋線との相互直通運転をおこなっています。■24.2km ■渋谷〜横浜 ■10両 ■電気

大井町線 6020系（東急）

急行用の車両です。3号車はロングシートにもクロスシートにもできます。クロスシートで走るときは「Q SEAT」という有料の座席指定車両になります。■12.4km ■大井町〜溝の口 ■7両 ■電気

目黒線　3020系（東急）

2020系や6020系を手本につくられました。目黒線は東京メトロ南北線や埼玉高速鉄道埼玉高速鉄道線、都営三田線などと相互直通運転しています。■11.9km ■目黒〜日吉 ■6両 ■電気

池上線　7000系（東急）

池上線や多摩川線用に、5000系やJR東日本のE231系をベースにつくられました。座席はカラフルで、車内はとても明るいイメージです。■10.9km ■五反田〜蒲田 ■3両 ■電気

世田谷線　300系（東急）

都電荒川線とともに、東京にのこる貴重な路面電車の路線です。世田谷区内をのんびりと走っています。全線が専用の軌道なので、自動車と同じ道路を走ることはありません。■5.0km　■三軒茶屋～下高井戸　■2両　■電気

こどもの国線　Y000系（横浜高速鉄道）

「こどもの国」という公園へ行くための路線でしたが、いまでは通勤での利用が増えています。横浜高速鉄道の線路や車両を借りて、東急電鉄が運行しています。■3.4km　■長津田～こどもの国　■2両　■電気

金町線　3500形（京成電鉄）

3500形は京成電鉄ではじめてのステンレス車両で、通勤電車としてはじめての冷房車です。金町線では、4両編成で運転されています。■2.5km　■京成高砂～京成金町　■4両　■電気

京成本線　3100形（京成電鉄）

成田スカイアクセス線の案内カラーであるオレンジのラインが特ちょうです。空港アクセス車両らしく、車体のあちこちに飛行機がえがかれているほか、沿線の名所のイラストもあります。■69.3km　■京成上野～成田空港　■8両　■電気

押上線　3700形（京成電鉄）

軽量のステンレス車両で、京成電鉄の主力としてさまざまな路線でかつやくしています。北総鉄道や都営浅草線、京浜急行電鉄などの路線と相互直通運転しています。■5.7km　■押上～青砥　■8両　■電気

亀戸線　8000型（東武鉄道）

1963年から製造がはじまった8000型は、約20年間に712両が製造されました。現在でもさまざまな路線で運用されており、東武鉄道の顔となっています。■3.4km　■曳舟～亀戸　■2両　■電気

伊勢崎線　70000系（東武鉄道）

70000系は乗り入れ先の東京メトロ日比谷線の13000系と規格をそろえた車両です。東武鉄道のほかの車両にあわせて、1両あたりの長さも18mから20mにかわりました。■114.5km　■浅草～伊勢崎　■7両　■電気

東上本線　50090型（東武鉄道）

座席定員制列車「TJライナー」用につくられました。朝昼はロングシートですが、夕方以降「TJライナー」として走るときには座席が自動でクロスシートになります。観光に便利な「川越特急」としても走っています。■75.0km　■池袋～寄居　■10両　■電気

野田線　60000系（東武鉄道）

「アーバンパークライン」と呼ばれている野田線を走る60000系は、「人と環境にやさしい車両」をコンセプトにつくられた省エネ車両です。■62.7km　■大宮～船橋　■6両　■電気

拝島線　20000系（西武鉄道）

20000系は車体に「アルミダブルスキン」という構造を採用した、軽くて強度が高い車両です。西武鉄道ではじめて「ワンハンドルマスコン」やLEDによる車外表示を採用しました。■14.3km　■小平～拝島　■10両　■電気

多摩川線　新101系（西武鉄道）

多摩川線は西武鉄道でゆいいつ、ほかの自社線区と接続していない路線です。都心部ではめずらしい単線です。さまざまなカラーリングの新101系がワンマン運転をしています。■8.0km　■武蔵境～是政　■4両　■電気

西武秩父線　4000系（西武鉄道）

4000系は、西武秩父線が開業20周年をむかえるにあたって登場した車両です。山岳地域を走る設備や、ワンマン運転ができる機能をそなえています。■19.0km　■吾野～西武秩父　■4両　■電気

池袋線　2000系（西武鉄道）

2000系は2・4・6・8両の編成があり、それらを連結してさまざまな両数で走ることができるので、ほとんどの路線でかつやくしています。環境にやさしく、バリアフリーにする改造もおこなわれています。
■57.8km　■池袋～吾野　■10両　■電気

西武有楽町線　40000系（西武鉄道）

普通列車のときはロングシートですが、全席指定の「S-TRAIN」として走るときはクロスシートにかわります。10号車には、ベビーカーでも車いすでも安心してすごせる「パートナーゾーン」があります。■2.6km　■練馬～小竹向原　■10両　■電気

新宿線　30000系（西武鉄道）

30000系は、まるみをおびた顔と広い車内が特ちょうで、たまごをモチーフにつくられました。つり革もたまご型になっています。「スマイルトレイン」と呼ばれて親しまれています。　■47.5km　■西武新宿〜本川越　■8両　■電気

本線　新1000形（京浜急行電鉄）

2002年から登場した新1000形はアルミ車両でしたが、2007年からはステンレス車両にかわりました。普通列車から快速特急まではば広くかつやくしています。　■56.7km　■泉岳寺〜浦賀　■8両　■電気

空港線　600形（京浜急行電鉄）

600形は全車3扉でセミクロスシートというゆったりしたつくりです。おもに快速特急などに使用され、京成成田スカイアクセス線にも乗り入れています。　■6.5km　■京急蒲田〜羽田空港国内線ターミナル　■8両　■電気

大師線　1500形（京浜急行電鉄）

1899年に、川崎大師へ参拝するための路線としてこの地に鉄道を建設したのが、京浜急行電鉄のルーツです。1500形は大師線の主力となっています。　■4.5km　■京急川崎〜小島新田　■4両　■電気

江ノ島線　1000形（小田急電鉄）

1000形は、小田急電鉄ではじめてのステンレス車両です。東京メトロ千代田線への乗り入れや、普通列車での使用などで、はば広くかつやくしています。　■27.6km　■相模大野〜片瀬江ノ島　■10両　■電気

小田原線　3000形（小田急電鉄）

3000形は小田急電鉄でもっとも両数の多い車両で、各路線でかつやくしています。　■82.5km　■新宿〜小田原　■8両　■電気

多摩線　4000形（小田急電鉄）

東京メトロ千代田線とJR常磐線に相互直通運転するためにつくられた車両です。車体の90％以上がリサイクルできるようになっています。　■10.6km　■新百合ヶ丘〜唐木田　■10両　■電気

京王線　5000系（京王電鉄）

5000系は座席をロングシートにもクロスシートにもすることができます。クロスシートのときには有料の座席指定の通勤列車「京王ライナー」として走ります。　■37.9km　■新宿～京王八王子　■10両　■電気

相模原線　9000系（京王電鉄）

地下鉄の都営新宿線との相互直通運転をするため、9000系の前面には非常時の脱出口として扉がついています。環境にやさしい車両で、バリアフリーにも対応しています。　■22.6km　■調布～橋本　■10両　■電気

井の頭線　1000系（京王電鉄）

井の頭線専用の通勤形車両です。ブルーグリーンやアイボリーホワイト、バイオレットなど全部で7色のラインが、編成ごとにカラーリングされています。　■12.7km　■渋谷～吉祥寺　■5両　■電気

7色のラインが入った特別な1000系も、1編成だけ走っているよ。乗れたらラッキーだね。

小湊鐵道線　キハ200形（小湊鐵道）
国鉄時代を思わせるような車両が山里を走っているので、テレビ番組やCMにもよく登場しています。ワンマン運転ではなく車掌さんがきっぷを拝見する、昔ながらの路線です。　■39.1㎞　■五井～上総中野　■1両　■ディーゼル

つくばエクスプレス　TX-2000系（首都圏新都市鉄道）
2005年に開業した通勤新線です。全線が地下または高架などで踏切がなく、最高時速は130㎞です。TX-2000系は列車内で無線ANが使えるのも魅力です。　■58.3㎞　■秋葉原～つくば　■6両　■電気

湊線　キハ11形（ひたちなか海浜鉄道）
JR東海や東海交通事業で走っていた車両です。湊線には、1965年につくられたキハ20形や、廃止になった三木鉄道でかつやくしていたミキ300形などの車両も走っています。　■14.3㎞　■勝田～阿字ヶ浦　■1両　■ディーゼル

竜ヶ崎線　キハ2000形（関東鉄道）
竜ヶ崎線は日本の私鉄ではじめてワンマン運転をおこないました。キハ2000形には龍ケ崎市のマスコットキャラクター「まいりゅう」のラッピング車両もあります。　■4.5㎞　■佐貫～竜ヶ崎　■1両　■ディーゼル

みなとみらい線　Y500系（横浜高速鉄道）
みなとみらい線の各駅のデザインや空間、色などは、それぞれの駅のコンセプトに沿ってつくられています。どの駅も個性的な雰囲気です。　■4.1㎞　■横浜～元町・中華街　■8両　■電気

わたらせ渓谷線　WKT-550形（わたらせ渓谷鉄道）
車内を風が吹きぬけるオープンタイプのトロッコ車両で、休日や観光シーズンを中心に「トロッコわっしー号」として運転されています。　■44.1㎞　■桐生～間藤　■2両　■ディーゼル

鉄道線　3100形(箱根登山鉄道)

「アレグラ号」と呼ばれる3100形には、沿線のアジサイや紅葉が楽しめるように大型の窓が使われています。混雑時には多くの人が乗れるように、一部の座席が折りたためます。1両編成の3000形もあります。■15.0km
■小田原～強羅
■2両　■電気

荒川線　8900形(東京都交通局)

都電としてのこっているゆいいつの路線です。荒川線には数多くの車両が走っていますが、8900形にはイエロー、オレンジ、ブルーなどのカラーがあります。■12.2km　■三ノ輪橋～早稲田　■1両　■電気

芝山鉄道線　3500形(芝山鉄道)

わずか2.2kmしかない、日本でいちばん距離の短い鉄道路線です。芝山鉄道は車両を所有していないため、京成電鉄の3500形を借りて、自社の所属車両として走らせています。■2.2km　■東成田～芝山千代田　■4両　■電気

りんかい線　70-000形(東京臨海高速鉄道)

都心から東京湾をくぐって臨海副都心とを結び、商業施設やイベント会場へ行く人たちが多く利用します。埼京線と相互直通運転をしています。■12.2km　■新木場～大崎　■10両　■電気

江ノ島電鉄線　10形(江ノ島電鉄)

路面電車の区間があり、車窓からは富士山や湘南海岸が見えるため、人気の路線です。10形はオリエント急行のようなレトロなデザインが特ちょうの車両です。■10.0km　■藤沢～鎌倉　■2両　■電気

関東の路線と列車

見てみよう！ DVD登山鉄道

流山線　5000形（流鉄）

もともとは西武鉄道を走っていた新101系です。それぞれの編成に「さくら」「流星」「あかぎ」「なの花」「若葉」という愛称がつけられ、車体の色もちがいます。■5.7km ■馬橋～流山 ■2両 ■電気

デハ100形などが保存されている大胡電車庫は、予約すればだれでも見学ができるんだって。

上毛線　デハ100形（上毛電気鉄道）

1928年に製造され、日本で走る電車としては現存する最古の車両です。そのすがたもそうですが、内装やモーター音など、すべてがレトロです。貸し切りやイベントのときだけ走っています。■25.4km ■中央前橋～西桐生 ■1両 ■電気

いすみ線　いすみ350形（いすみ鉄道）

JR東日本の木原線を引きつぎ、1988年に第三セクターのいすみ鉄道いすみ線になりました。いすみ350形は新型車両ですが、国鉄時代につくられたキハ52形に似せてつくられました。■26.8km ■大原～上総中野 ■1両 ■ディーゼル

銚子電気鉄道線　デハ3000形（銚子電気鉄道）

もともとは京王電鉄の5000系でした。愛媛県の伊予鉄道で700系としてかつやくしたのち、2016年から銚子電鉄で3度めの人生を歩んでいます。■6.4km ■銚子～外川 ■2両 ■電気

真岡線　モオカ14形(真岡鐵道)

JR東日本の真岡線を引きつぎ、1988年に第三セクター真岡鐵道真岡線として生まれかわりました。SLが走ることもある、とても人気の高い路線です。■41.9km　■下館～茂木　■1両　■ディーゼル

上信線　700形(上信電鉄)

700形は、JR東日本の107系として走っていました。上信電鉄には日本最古の電気機関車の「デキ」があり、イベントのときなどに、そのすがたを見ることができます。■33.7km　■高崎～下仁田　■2両　■電気

北総鉄道北総線　7500形(北総鉄道)

京成電鉄の3000形をもとにつくられました。空港アクセスをメインに京成電鉄や京浜急行電鉄などに乗り入れて、成田空港や羽田空港を結んでいます。■32.3km　■京成高砂～印旛日本医大　■8両　■電気

秩父本線　6000系(秩父鉄道)

西武鉄道の新101系を改造して6000系がつくられました。「秩父路」という愛称で、いまではめずらしくなった急行列車として運転されています。座席はクロスシートです。■71.7km　■羽生～三峰口　■3両　■電気

東葉高速線　2000系(東葉高速鉄道)

2000系は東京メトロ東西線を走る車両と共同開発してつくられたので、顔はおたがいそっくりですが、赤とオレンジ色のラインがあるほうが東葉高速鉄道の車両です。■16.2km　■西船橋～東葉勝田台　■10両　■電気

本線　12000系(相模鉄道)

JRに乗り入れるため、JR東日本のE233系をお手本につくられたのが12000系です。本線沿線から渋谷や新宿などの都心に乗りかえなしで行くことができるので、便利になりました。■24.6km　■横浜～海老名　■10両　■電気

銀座線　1000系（東京地下鉄）

銀座線は日本でいちばん最初に開通した地下鉄です。1000系の外観は
その当時の列車をモチーフにつくられましたが、車内は最新設備でいっ
ぱいです。東京地下鉄は「東京メトロ」という愛称で親しまれています。
■14.3km　■浅草〜渋谷　■6両　■電気

千代田線　16000系（東京地下鉄）

1971年からかつやくしてきた6000系のかわりに登場しました。
永久磁石を使った新型モーターなどのおかげで、6000系よりも
消費電力を約40%へらした省エネ車両です。■21.9km　■綾瀬〜
代々木上原　■10両　■電気

丸ノ内線　2000系（東京地下鉄）

丸ノ内線や銀座線は、架線から電気を取るのではなく、通常のレールの
横にある3本めのレールから電気を取りこむ「第三軌条方式」を採用して
います。■24.2km　■池袋〜荻窪　■6両　■電気

東西線　15000系（東京地下鉄）

15000系は朝の通勤ラッシュのときに、多くの人がすばやく乗り降り
できるように、すべてのドアに従来の車両よりも50㎝広いワイドドア
を採用しています。■30.8km　■中野〜西船橋　■10両　■電気

日比谷線　13000系（東京地下鉄）

東武伊勢崎線と相互直通運転をしています。そのため同じ路線を走る東
武70000系と、装置などがいっしょになるようにつくられています。■
20.3km　■北千住〜中目黒　■7両　■電気

有楽町線　7000系（東京地下鉄）

有楽町線は丸ノ内線の混雑をやわらげる目的で建設されました。和光市
では東武東上本線と、小竹向原では西武有楽町線と相互直通運転をして
います。■28.3km　■和光市〜新木場　■8両　■電気

副都心線には東京メトロのほか、東急、横浜高速鉄道、東武、西武の5社が乗り入れているんだ。

副都心線　10000系（東京地下鉄）

2008年に開通した、東京メトロでもっとも新しい路線です。10000系は、おもに急行や通勤急行で走っています。地下区間内で急行運転をおこなっているのは、東京メトロではこの路線だけです。　■11.9km　■小竹向原～渋谷　■10両　■電気

南北線　9000系（東京地下鉄）

全線で「ATO（自動列車運転装置）」による自動運転とワンマン運転をおこないます。駅のホームドアが天井近くまであるのも、南北線の特ちょうです。　■21.3km　■目黒～赤羽岩淵　■6両　■電気

半蔵門線　08系（東京地下鉄）

首都圏の人口増加にともない、銀座線と日比谷線のバイパス路線として計画されました。08系は全線が開通した2003年に登場しました。　■16.8km　■渋谷～押上　■10両　■電気

三田線　6300形（東京都交通局）

東京メトロ南北線や東急目黒線と相互直通運転をするために、ホームドアに対応して、ワンマン運転ができるようにつくられました。　■26.5km　■目黒～西高島平　■6両　■電気

新宿線　10-300形（東京都交通局）

10-300形のうち新しい編成は、JR東日本のE233系をベースにしたステンレス車両です。京王線や京王相模原線と相互直通運転をしています。　■23.5km　■新宿～本八幡　■10両　■電気

浅草線　5500形（東京都交通局）

東京都交通局のはじめての地下鉄路線で、1960年に開業しました。5500形は日本の伝統芸能である歌舞伎の化粧方法である隈取りをアレンジしてデザインされました。　■18.3km　■西馬込～押上　■8両　■電気

見てみよう！
DVD おもしろ鉄道大集合

大江戸線　12-600形
（東京都交通局）

リニアモーターを使って鉄の車輪を動かす「鉄輪式リニアモーター」を採用しています。この方式だと台車を小さくつくれて、通常よりも車両がひとまわり小さくできているため「ミニ地下鉄」とも呼ばれています。■40.7km　■都庁前〜光が丘　■8両　■電気

1号線　3000V形（横浜市交通局）

関内〜湘南台間の1号線と、関内〜あざみ野間の3号線を合わせて「ブルーライン」と呼んでいます。東京メトロ銀座線や丸ノ内線と同じく、「第三軌条方式」が採用されているので、車両の上部にパンタグラフがありません。■19.7km　■関内〜湘南台　■6両　■電気

4号線　10000形（横浜市交通局）

「グリーンライン」という愛称で呼ばれています。路線の特ちょうに合わせて、急勾配や急カーブにも強く、トンネルの大きさも小さくできる、「鉄輪式リニアモーター」による「ミニ地下鉄」が採用されました。■13.0km　■日吉〜中山　■4両　■電気

地下鉄の深さ

地下鉄の駅のホームや路線があるところを地面からの高さでくらべてみると、古い路線ほど高いところにあり、新しい路線ほど低いところにあることがわかります。東京メトロでもっとも古い路線は銀座線で、もっとも新しい路線は副都心線です。どちらも渋谷駅にとまりますが、駅のホームがあるところの高低差は約40mにもなります。

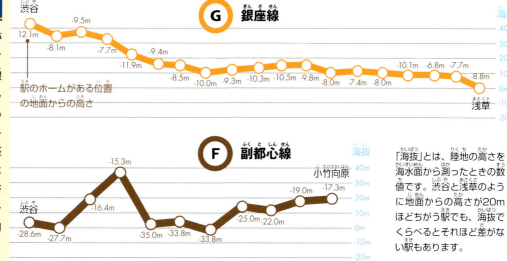

G　銀座線

海抜

駅のホームがある位置の地面からの高さ

渋谷
12.1m　-9.5m　-8.1m　-7.7m　-9.4m　-11.9m　-8.5m　-10.0m　-9.3m　-10.3m　-10.5m　-9.8m　-8.0m　-7.4m　-8.0m　-10.1m　-6.8m　-7.7m　-8.8m
浅草

F　副都心線　海抜

小竹向原

渋谷
-28.6m　-27.7m　-15.3m　-16.4m　-35.0m　-33.8m　-33.8m　-25.0m　-22.0m　-19.0m　-17.3m

「海抜」とは、陸地の高さを海水面から測ったときの数値です。渋谷と浅草のように地面からの高さが20mほどちがう駅でも、海抜でくらべるとそれほど差がない駅もあります。

車両の工場見学
特急ができるまで

列車の車体は、大きな金属の板を箱のように四角に組み立てた形をしています。さまざまなパーツが取りつけられ、車両がどのように組み立てられていくかを、西武鉄道の特急、001系電車「Laview」を例にして見てみましょう。

見てみよう！
DVD 特急ができるまで

床板

工場の中のようすです。車体の床にあたる床板がつるされているところです。

① アルミの板を加工する

コンピュータで計算したデータをもとに、機械でアルミの部材をつくります。

② 屋根や側板をつくる

加工したアルミの部材などをくっつけて、車体の基礎となる屋根や側板、床板などをつくります。

③ 車体の先頭部分をつくる

列車の顔となる車体の先頭部分をつくります。

④ 車体の組み立て

②～③でつくった部分を組み立てて、車体の骨組みをつくります。

組み立てられた車内のようすです。

⑤ 車両の塗装

スプレーで車両に塗装をおこないます。

⑥ 車体を移動させる

台車やパーツの取りつけをするために、車体を移動させます。

⑦ そのほかのパーツを取りつける

窓ガラス

座席

床下の配線

床下の配線、ドア、窓ガラス、座席、車内の案内表示板などのパーツを取りつけていきます。

⑧ 台車を取りつける

車体を機械でもちあげて、台車を取りつけます。

⑨ 防水検査

雨漏りなどがないか、水を吹きかけて防水の検査をおこないます。

⑩ 車両を輸送する

さまざまな検査が終わったら、機関車などを使って、西武鉄道の車両基地に、新車両を輸送します。

⑪ 車両を試運転する

車両が安全に走行できるかどうか、実際の路線でチェックします。

東北・北海道の路線と列車

東北・北海道の路線と列車

レイルマンやまさきのポイント

東北や北海道は電化区間がすくないのでディーゼルカーがかつやくしています。険しい山間部を走るローカル線が多く、紅葉や新緑などのうつくしい景色が広がります。寒さがきびしい冬でも快適にすごせるように工夫された車両が多いのも特ちょうです。

只見線　キハ40形（JR東日本）

只見川の渓谷に沿って走る、眺めのよいローカル線です。夏や秋などの行楽シーズンにはトロッコ列車やSLが臨時で走ることもあり、にぎわいをみせています。■135.2km　■会津若松～小出　■2両　■ディーゼル

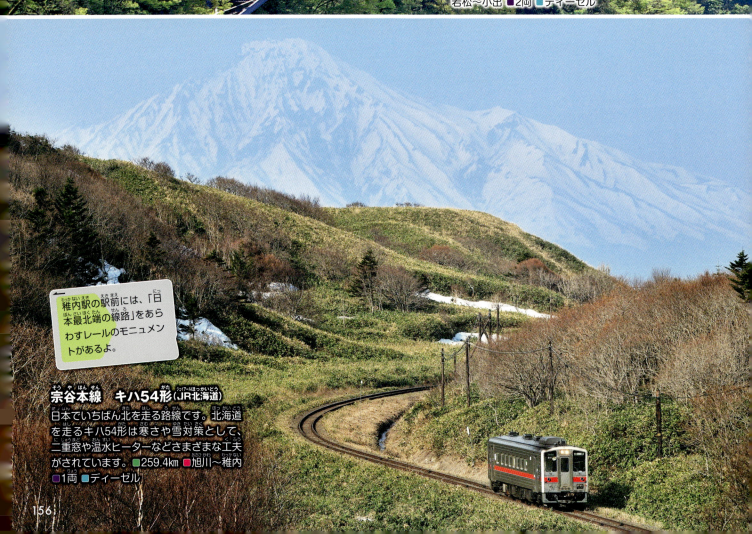

稚内駅の駅前には、「日本最北端の線路」をあらわすレールのモニュメントがあるよ。

宗谷本線　キハ54形（JR北海道）

日本でいちばん北を走る路線です。北海道を走るキハ54形は寒さや雪対策として、二重窓や温水ヒーターなどさまざまな工夫がされています。■259.4km　■旭川～稚内　■1両　■ディーゼル

奥羽本線 701系（JR東日本）

701系は東北地方で初の通勤用交流電車として登場して、交流電化区間のほとんどで運転されています。奥羽本線にはミニ新幹線の区間があるため、標準軌仕様の車両も走っています。
■484.5km ■福島〜青森 ■3両 ■電気

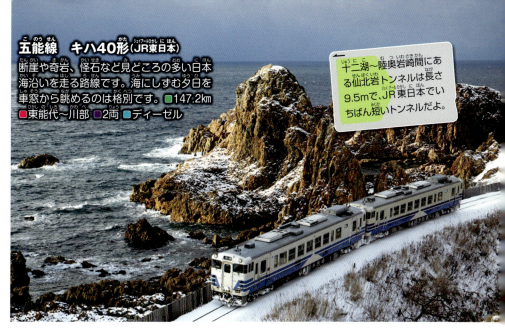

五能線 キハ40形（JR東日本）

断崖や奇岩、怪石など見どころの多い日本海沿いを走る路線です。海にしずむ夕日を車窓から眺めるのは格別です。■147.2km
■東能代〜川部 ■2両 ■ディーゼル

十二湖〜陸奥岩崎間にある仙北岩トンネルは長さ9.5mで、JR東日本でいちばん短いトンネルだよ。

釜石線 キハ110系（JR東日本）

キハ110系は東北地方の非電化ローカル線を走る、もっともポピュラーな車両です。1両の長さは20mあり、運転台は片方にしかついていないので必ず2両以上の編成です。■90.2km ■花巻〜釜石 ■3両 ■ディーゼル

仙石線 HB-E210系（JR東日本）

ディーゼルハイブリッドシステムのHB-E210系は、おもに快速として仙石東北ラインに乗り入れます。ステンレス製の車両ではばも広く、バリアフリーにも対応しています。■49.0km
■あおば通〜石巻 ■4両 ■ディーゼル

大船渡線 キハ100系（JR東日本）

『ポケットモンスター』のキャラクターが車体や車内にえがかれた大人気の車両「POKEMON with YOU トレイン」が土・休日を中心に走っています。■105.7km ■一ノ関〜盛 ■2両 ■ディーゼル

羽越本線 GV-E400系（JR東日本）

GV-E400系はディーゼルエンジンの力で発電機をまわし、できた電気でモーターを動かして走る、JR東日本ではじめての電気式ディーゼルカーです。磐越西線や信越本線などでも走っています。■271.7km ■新津〜秋田 ■2両 ■ディーゼル

磐越西線 キハE120系（JR東日本）

磐越西線は郡山〜喜多方が電化区間、喜多方〜新津は非電化区間に分かれます。非電化区間は阿賀野川の流れに沿って走ることから、「森と水とロマンの鉄道」とも呼ばれています。175.6km ■郡山〜新津 ■2両 ■ディーゼル

男鹿線 EV-E801系（JR東日本）

JR九州のBEC819系「DENCHA」をお手本につくられた交流蓄電池電車です。車両は男鹿地区の伝統行事である「なまはげ」をイメージしてデザインされました。■26.4km ■追分〜男鹿 ■2両 ■電気

釧網本線　キハ54形（JR北海道）

釧路湿原をぬけて北上し、りりしい斜里岳の脇を走ると釧網本線はオホーツク海を望みながら進みます。冬には流氷が流れついた海の景色が広がります。■166.2km　■東釧路〜網走　■1両　■ディーゼル

函館本線　733系（JR北海道）

写真は2016年に北海道新幹線ができたとき、函館と新函館北斗を結ぶ「はこだてライナー」として登場した733系1000番台です。H5系のような紫のラインが特ちょうです。■423.1km　■函館〜旭川　■3両　■電気

函館本線　H100形（JR北海道）

JR東日本のGV-E400系をお手本につくられた「DECMO」という愛称の電気式の気動車です。古くから走っているキハ40形の代わりに、ローカル線でのかつやくが期待されています。■423.1km　■函館〜旭川　■1両　■ディーゼル

函館本線　キハ201系（JR北海道）

小樽より西の非電化区間から札幌への時間短縮の目的で、731系電車と連結して走れるようにつくられました。日本でゆいいつ、電車と協調運転できるディーゼルカーです。■423.1km　■函館〜旭川　■3両　■ディーゼル

富良野線　キハ150形（JR北海道）

ラベンダー畑が広がる地域を走るので、車両のラインがラベンダー色です。ラベンダーが咲くシーズンにはトロッコ列車も運転されて、多くの観光客でにぎわいます。■54.8km　■富良野〜旭川　■2両　■ディーゼル

千歳線　733系（JR北海道）

千歳線は、札幌と道東や道南を結ぶ列車がひっきりなしに通る路線です。支線には千歳空港へのびる路線もあり、北海道の鉄道輸送の重要な役割をになっています。■56.6km　■白石〜沼ノ端　■6両　■電気

石勝線　キハ40形（JR北海道）

札幌と道南を結ぶ特急列車のバイパス線として建設されました。途中の新夕張〜新得間では普通列車が走っていないので、その区間のみ普通運賃で特急列車に乗車できます。■132.4km　■南千歳〜新得　■1両　■ディーゼル

鉄道復旧をめざして

JR東日本の気仙沼線や大船渡線は、東日本大震災で被災しました。一部の区間は運行を再開しましたが、そのほかの区間は「BRT」（バス高速輸送システム）を利用しています。「BRT」はあくまで仮復旧で、鉄道の復旧には多くの課題があります。

線路があった場所に道路がつくられ、バスが走っています。

いわて銀河鉄道線　IGR7000系（IGRいわて銀河鉄道）

東北新幹線が八戸まで区間がのびたときにJR東日本から第三セクターに移行されました。車両はJR東日本の701系と同じつくりになっています。■82.0km　■盛岡〜目時　■2両　■電気

阿武隈急行線　AB900系（阿武隈急行）

国鉄時代の丸森線を引きつぎ、1986年に第三セクターとして開業しました。そのあとに全線開通して電化されたというめずらしい路線です。■54.9km　■福島〜槻木　■2両　■電気

会津線　AT-700形（会津鉄道）

1987年にJR東日本の会津線を引きつぎ、第三セクターとして運行しています。会津がふるさとの偉人・野口英世を車体にえがいた車両も走っています。■57.4km　■西若松〜会津高原尾瀬口　■1両　■ディーゼル

リアス線　36-700形（三陸鉄道）

2011年に東日本大震災で被災しましたが、クウェートからの支援で新造した車両です。リアス線は2019年に全通した、日本の第三セクターでいちばん長い路線です。■163.0km　■盛〜久慈　■1両　■ディーゼル

フラワー長井線　YR-880形（山形鉄道）

1988年にJR東日本の長井線を引きつぎ、第三セクターになりました。各車両に沿線の市などの花がえがかれています。宮内駅のウサギの駅長「もっちい」が人気です。■30.5km　■赤湯〜荒砥　■1両　■ディーゼル

青い森鉄道線　青い森703系（青い森鉄道）

JR東日本のE721系をベースにつくられました。車体には青い森鉄道のイメージキャラクターである「モーリー」がえがかれています。■121.9km　■目時〜青森　■2両　■電気

阿仁前田駅には「クウィンス森吉」という温泉があるから、そこで旅の疲れをいやそう。

秋田内陸線　AN8800形（秋田内陸縦貫鉄道）
「スマイルレール 秋田内陸線」と呼ばれて親しまれている第三セクターです。山深いマタギの里を、かわいいディーゼルカーがトコトコ走ります。■94.2km ■鷹巣～角館 ■1両 ■ディーゼル

道南いさりび鉄道線　キハ40形（道南いさりび鉄道）
北海道南部の食べ物や文化などを知ることができる「ながまれ号」が走っています。「ながまれ」とは「のんびりして」というこの地域の言葉です。■37.8km ■五稜郭～木古内 ■1両 ■ディーゼル

仙台空港線　SAT721系（仙台空港鉄道）
SAT721系は、形式名はちがいますが、JR東日本のE721系とほとんど同じつくりです。仙台空港線からJR東北本線と相互直通運転をして、仙台の中心部にアクセスしています。■7.1km ■名取～仙台空港 ■2両 ■電気

ストーブの上ではスルメを焼いて食べることもできるんだ。スルメは車内で売っているよ。

津軽鉄道線　DD350形（津軽鉄道）
車内にダルマストーブがあって、あたたまることができるストーブ列車を牽引する機関車です。ストーブはオハ46形やオハフ33形についています。ともに客車なので自力では動けず、機関車に牽引されて走行します。■20.7km ■津軽五所川原～津軽中里 ■1両 ■ディーゼル

本線　30形（函館市企業局）
雪よけ用の「ササラ電車」として使用していた1910年製の車両を、製造当時のすがたに復元しました。「箱館ハイカラ號」と呼ばれて親しまれています。■2.9km ■函館どつく前～函館駅前 ■1両 ■電気

一条線　1100形（札幌市交通局）
1両で走れる低床車両です。星座のおおいぬ座の星の名前をとって「シリウス」と名づけられました。3両編成の低床車両A1200形は「ポラリス」と呼ばれています。■1.3km ■西4丁目～西15丁目 ■1両 ■電気

南北線　1000N系（仙台市交通局）

仙台を南北に結ぶ地下鉄です。1000N系は、開業以来かつやくしてきた1000系をリニューアルした車両です。■14.8km ■泉中央～富沢 ■4両 ■電気

東西線　2000系（仙台市交通局）

「鉄輪式リニアモーター」を採用した地下鉄です。先頭車両前面のデザインは、仙台の武将・伊達政宗の兜の「前立て」を表現しています。■13.9km ■八木山動物公園～荒井 ■4両 ■電気

南北線　5000形（札幌市交通局）

札幌で最初に開通した地下鉄です。「第三軌条方式」で電気を取りこむほか、中央にあるレールをまたぎ、ゴムタイヤで走る「中央案内軌条方式」が採用されています。■14.3km ■麻生～真駒内 ■6両 ■電気

東西線　8000形（札幌市交通局）

ゴムタイヤで走る「中央案内軌条方式」ですが、電気は架線からパンタグラフを通して取り入れます。東西線は札幌市営地下鉄のなかで、もっとも長い距離を走ります。■20.1km ■宮の沢～新さっぽろ ■7両 ■電気

東豊線　9000形（札幌市交通局）

9000形は車内の色調をオレンジにまとめ、今までの車両より座席のはばも広がり、各車両に車いすスペースも設置されました。■13.6km ■栄町～福住 ■4両 ■電気

地方の駅長の仕事

駅長は乗客が鉄道を安全に利用できるように、駅全体を管理しています。ここでは、津軽鉄道金木駅の駅長の仕事の一部を紹介します。都市部では自動化が進んでいるさまざまな鉄道の仕事をみずからおこなう、地方の駅長の1日を見てみましょう。

金木駅の駅舎です。

ホームの安全確認
乗客の乗降確認をして、発車の合図を運転士に送ります。

信号確認
信号がまちがって表示されていないか、目で見て確認します。

線路の保守
分岐器にオイルを塗っています。

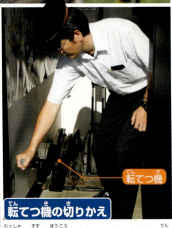

転てつ機

転てつ機の切りかえ
列車が進む方向をかえることができる転てつ機を手動で切りかえます。

営業の準備
駅構内のそうじは駅長の仕事です。

きっぷ販売
窓口できっぷを販売します。

改札業務
きっぷを確認したり、回収したりします。

タブレット閉塞のしくみ

鉄道は、追突事故をふせぐために、1区間にひとつの列車しか走らない「閉塞」(182ページ)という方法で運行しています。現在、ほとんどの路線は信号機によって自動で閉塞をおこなっていますが、ごく一部の路線では「タブレット」という金属を使って閉塞をおこなっています。タブレットは通行証のようなもので、決められたタブレットをもっていないと、その区間を走ることができません。

タブレット

タブレットを運転士に渡すときは、大きな輪っかがついた「キャリア」に入れます。
キャリア

① A駅からB駅に向かう

区間1　区間2

B駅に連絡して区間1への進入許可が出たら、A駅にある「タブレット閉塞機」から、区間1用のまるい穴のタブレットを取りだします。そのタブレットを運転士に渡すと、列車が出発できます。

② B駅に到着してタブレットを交換する

区間1　区間2

B駅に到着すると、B駅からC駅に連絡して、区間2への進入許可をもらいます。許可が出たら、B駅にある区間2用の三角形の穴のタブレットを取りだして、まるい穴のタブレットと交換します。

③ B駅からC駅に向かう

区間1　区間2

三角形の穴のタブレットをもって、B駅を出発し、C駅へ向かいます。

タブレットの取りだし方

タブレット閉塞機
タブレット閉塞機は、次の駅のものと2台で1セットで使われます。

検電器
送信用プランジャー
解錠用プランジャー

上部スライダー
到着した列車がもっていたタブレットを入れます。

下部スライダー
次の駅まで走るために必要なタブレットが入っています。

送信用プランジャーをおして、次の駅に信号を送ります。

電鈴
次の駅の駅員が、送られてきた信号を確認すると、近くにある電鈴が鳴ります。

電鈴が鳴ると、閉塞用電話で次の駅に連絡して、進入許可をもらいます。

進入許可が出たら、解錠用プランジャーをおします。次の駅では送信用プランジャーがおされます。

プランジャーが同時におされると検電器の針が「全開」をしめし、タブレットを取りだせます。

都市部の駅長の仕事

1日に約52万人の利用者がおとずれる小田急新宿駅では、会議や書類の確認、構内の見まわりなどが、駅長のおもな仕事です。自動券売機や自動改札機があり、駅員が多いので、きっぷの販売やホームの安全確認などの作業はおこないません。

利用者の多い駅では、きっぷ販売や改札などの自動化が進んでいます。

改札やホームなど、それぞれの場所の担当者を集めて会議をおこないます。

ジョイフルトレイン

ジョイフルトレイン

レイルマンやまさきのポイント

国鉄時代から、各地に「団体専用列車」がありましたが、1983年に「サロンエクスプレス東京」が登場したのをきっかけに、このような列車を「ジョイフルトレイン」と呼ぶようになりました。ジョイフルトレインは、定期的に走るものや臨時でのみ走るものなど運用がさまざまです。164～165ページの列車は時刻表などに掲載されていて、駅できっぷを買って乗車できます。

見てみよう！ DVD ジョイフルトレイン大集合

リゾートしらかみ HB-E300系（JR東日本）

日本海の雄大な景色を楽しむだけではなく、停車する各駅でさまざまな観光ができるのも人気のひみつです。写真の「橅」のほか、「青池」「くまげら」と合わせて3つの編成があります。■142人分 ■247.6km ■秋田～青森など ■4両

車内

◀ボックス席では、お座敷のように足をのばしてくつろぐこともできます。

リゾートあすなろ下北 HB-E300系（JR東日本）

ディーゼルエンジンとリチウムイオン蓄電池を組み合わせた、環境にやさしい「ハイブリッドシステム」を搭載した車両です。「リゾートあすなろ竜飛」として津軽線も運行します。■78人分 ■109.8km ■八戸～大湊 ■2両

リゾートみのり キハ48形（JR東日本）

おもに陸羽東線を走るため、沿線の魅力である稲穂、温泉、紅葉を表現した「実り」が愛称になっています。座席の柄は、鳴子峡などの紅葉をイメージした色づかいです。■104人分 ■137.3km ■仙台～新庄 ■3両

リゾートやまどり 485系（JR東日本）

おもに群馬県内を走るので、同県の山々の豊かな自然をイメージさせる色の車体です。座席は3列でゆったりとしており、可動式のフットレストもそなわっています。■136人分 ■115.6km ■大宮など～中之条など ■6両

■座席数 ■走行距離 ■おもな運行区間 ■編成

見てみよう！ DVD ジョイフルトレイン大集合

海里　HB-E300系（JR東日本）

新潟と山形の海や里の景色を楽しんでもらえるように、この名がつけられました。日本海のビュースポット「笹川流れ」付近では、速度を落として運転します。車内では新潟や山形にある名店のおいしい料理が味わえます。
■86人分　■168.2km　■新潟～酒田　■4両

ジパング平泉　485系（JR東日本）

外観の墨色は水の流れ、ねずみ色は山、金色は世界遺産の平泉をイメージしています。両端の1・4号車には、景色が楽しめる展望室や窓に向いたペアシートがあり、デッキ部では映像と光の演出が楽しめます。■178人分　■90.2km　■一ノ関～盛岡　■4両

リゾートビューふるさと　HB-E300系（JR東日本）

篠ノ井線や大糸線を中心に運行されています。沿線には北アルプスや善光寺平をはじめ、日本の「ふるさと」を思いおこさせるうつくしい風景が広がることから、この愛称になりました。
■78人分　■132.8km　■長野～南小谷　■2両

リゾートうみねこ　キハ48形（JR東日本）

1・3号車の海側は1列シートで海に向かって45度回転できるため、太平洋の雄大な景色が楽しめます。外観は車窓に広がる八戸線沿線の海をイメージしてデザインされました。■124人分　■64.9km　■八戸～久慈　■3両

あめつち　キロ47形（JR西日本）

外観の紺碧色は、山陰のうつくしい空や海をイメージしています。車内には和紙や瓦、織物など、山陰地方の工芸品が、あちこちに使われたり飾られたりしています。■59人分　■154.3km　■鳥取～出雲市　■2両

車内 スーツケースなどがおける荷物置き場です。

車両中央部はゆったりとした3列のクロスシートです。

いろは　205系（JR東日本）

日光の名所のひとつである「いろは坂」などから、「いろは」という愛称になりました。車内には木がたくさん使われており、外国人向けの案内やスーツケースなどをおける荷物置き場もあります。■209人分　■40.5km　■宇都宮～日光など　■4両

おいこっと
キハ110系（JR東日本）

東京の都会と逆のふんいきをイメージさせるために、「TOKYO」を逆から読んだ「OYKOT」という愛称がついています。車内は古民家のような落ち着いたつくりです。■76人分 ■86.1km ■長野〜十日町 ■2両

HIGH RAIL1375　キハ100系・キハ110系（JR東日本）

JRでもっとも高い、標高1375mの地点を走ることからこの名がつけられました。車内にある「ギャラリー HIGH RAIL」にはドーム型の天井があり、星空の映像がうつしだされます。■50人分 ■78.9km ■小淵沢〜小諸 ■2両

○○のはなし　キハ47形（JR西日本）

内装が洋風と和風の車両の、2両編成で運転されています。車内では沿線にちなんだクイズ大会などが開催されています。■60人分 ■116.9km ■新下関〜東萩 ■2両

サロンカーなにわ
14系（JR西日本）

1983年に登場した関西地区を代表する欧風客車のジョイフルトレインです。全面ガラスの窓がついた展望室で、景色を楽しむことができます。

華　485系（JR東日本）

全席が掘りごたつ式と、内装が和式の電車です。車両側面だけでなく運転席の窓も大きくつくられており、展望室からは運転席ごしの景色も楽しめます。

ノースレインボーエクスプレス　キハ183系（JR北海道）

ラベンダー、オレンジ、ピンクなど、車両ごとに色がちがうカラフルな外観が特ちょうのディーゼルカーです。ハイデッカータイプで、大きな連続窓には雄大な景色が広がります。

私鉄のジョイフルトレイン

「ジョイフルトレイン」は、おもにJRの団体専用列車や臨時列車のことをあらわす呼び方ですが、私鉄でもジョイフルトレインのような列車があります。三陸鉄道の「こたつ列車」は車内の座席をこたつに改造し、東北の名物にもなりつつある列車です。東武鉄道の「スカイツリートレイン」は、東京スカイツリーや沿線の風景を楽しめるよう、屋根までつづく大きな展望窓が特ちょうの列車です。

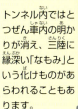

トンネル内ではとつぜん車内の明かりが消え、三陸に縁深い「なもみ」という化けものがあらわれることもあります。

こたつ列車の36-Z形です。レトロなデザインの「さんりくはまかぜ」が使用されています。

スカイツリートレインの634型です。青空と朝焼けをイメージした、2種類の車両が連結して走ります。

座席は窓側を向いています。

大人気の「食堂列車」

食事を楽しむことが目的の列車もあります。うつくしい景色を眺めながらおいしい料理が味わえるので、とても人気があります。

ジョイフルトレイン

THE ROYAL EXPRESS 2100系（伊豆急行）

伊豆のきれいな海を見ながら地元の食材を使ったごうかな料理が味わえる、とてもぜいたくな列車です。食事を楽しむプランと、宿泊施設や観光がセットになったプランがあります。

52席の至福　52型（西武鉄道）

大手私鉄としてははじめてのレストラン列車です。4両にわずか52席しかないゆったりとしたオープンダイニングで、一流シェフが監修したコース料理を食べることができます。

車内は木がふんだんに使われ、落ちついた雰囲気です。

1号車には木のプールや絵本図書館があり、子どもがあそべます。

渓谷などの自然をイメージした車内には、沿線の工芸品などが使用されています。

ブランチとディナーともに、有名店のシェフが監修した料理が味わえます。

ベル・モンターニュ・エ・メール　キハ40形（JR西日本）

列車名はフランス語で「うつくしい山と海」という意味です。「べるもんた」という愛称で親しまれています。職人が車内で寿司をにぎってくれる、うれしい有料サービスもあります。

伊予灘ものがたり　キロ47形（JR四国）

夕日をイメージした茜色と、太陽やくだもののかがやきをイメージした黄金色の2色の車両で運転されます。時間帯や行き先により、料理がそれぞれことなる4つのコースがあります。

額縁のようなデザインの大きな窓から、雄大な景色が楽しめます。

寿司のほかに、沿線のおつまみや地酒なども味わえます。

1号車は「茜の章」と呼ばれ、和座椅子の畳席など、和をイメージしています。

4つのコースがあり、それぞれちがう食事が提供されます。

TOHOKU EMOTION　キハ110系（JR東日本）
目の前で調理されるオープンキッチンをはじめ、列車全体がレストラン空間となっています。三陸の海を眺めながら、東北の食材をふんだんに味わうことができます。

往路ではランチが、復路ではデザートブッフェが楽しめます。

外房の素材を生かした「伊勢海老特急・イタリアンコース」の一例です。

レストラン・キハ　キハ28形（いすみ鉄道）
昭和時代に製造されたディーゼルカーのキハ28形に乗りながら食事が楽しめます。列車が走る千葉県大多喜町の近くでとれた伊勢海老やアワビなどを使った料理などのコースがあります。

1号車の海側は展望ペアシートです。日本海を眺められます。

越乃Shu＊Kura　キハ40形・48形（JR東日本）
日本酒で有名な新潟を走ることから、酒をコンセプトにした列車です。県内の銘酒や地元の食材にこだわったおつまみなどが、ジャズやクラシックの生演奏を聴きながら楽しめます。

ロングシートで食べるのが明知鉄道流です。「きのこ列車」や「じねんじょ列車」なども運行しています。

食堂車　アケチ10形（明知鉄道）
写真は寒天列車です。沿線の恵那市山岡町が細寒天の生産量日本一であることと寒天が低カロリー食品として人気があることから命名されました。1987年から運行されている、車内で料理を楽しむ列車の元祖です。

長野県産の木材を使った車内です。ボックス席は個室のように、障子でしきることができます。

ろくもん　115系（しなの鉄道）
愛称は沿線ゆかりの武将・真田幸村の家紋「六文銭」から名づけられました。真田家部隊の「赤備え」をイメージしたカラーリングで、信州の山の幸を堪能できます。

沿線の海産物や豊かな土地で育った農産物を、多彩な料理で味わえます。

おれんじ食堂　HSOR-100A形（肥薩おれんじ鉄道）
日本ではじめて、食事を楽しむためにつくられた専用の列車です。ホテルのカフェレストランやロビーのような車内で、九州の西海岸の景色を見ながら、沿線の特産品が味わえます。

車内 車内からの眺めは絶景です。

風を感じる「トロッコ列車」

トロッコ列車は窓ガラスがないので、風や香りなどその土地の自然のようすが肌で体験できます。「トロッコ」は屋根のない手押しの貨車のことをあらわす言葉ですが、いまでは観光列車の代名詞として各地を走っています。

井川線（大井川鐵道）

「南アルプスあぷとライン」と呼ばれる井川線を走っています。大井川沿いの渓谷を見ながら、小さな車両が山あいを走りぬけます。

DVD 見てみよう！ ジョイフルトレイン大集合

ガラスがないので開放的です。
橋の下を見ることができます。

奥出雲おろち（JR西日本）

「ヤマタノオロチ」の伝説が伝わる地を走ることから名づけられました。3段式のスイッチバックで急坂を登り、トンネル走行中にはおろちのイルミネーションが光ります。

車内

瀬戸大橋アンパンマントロッコ（JR四国）

瀬戸内海の島々をイメージした風景のなかに、アンパンマンとそのなかまたちがえがかれているトロッコ列車です。瀬戸大橋を渡るときは、車内の床がガラスになっている場所を見てみましょう。

ゆうすけ号（南阿蘇鉄道）

阿蘇山のカルデラのなかをのんびりと走っています。開放感たっぷりの車内から、阿蘇の山々の雄大な景色が楽しめます。

さまざまな 鉄道のしくみ

この章では、電車・ディーゼルカー・機関車などの車両のしくみや、鉄道の線路や信号機などの安全のためのしくみを紹介しています。

電車・ディーゼルカー →172ページ〜

機関車 →204ページ〜

新交通システム →198ページ

モノレール →200ページ

電車・ディーゼルカーのしくみ

レイルマンやまさきのポイント

日本を走る列車のほとんどは、電車かディーゼルカーです。E233系電車と、キハ40形ディーゼルカーを例にして、動力のちがいを中心に、電車とディーゼルカーのしくみを見てみましょう。

電車のしくみ

JR東日本のE233系で、しくみを見てみましょう。

前部標識

列車の前部であることをあらわす標識にライトを使っています。夜間に点灯しますが、列車の接近を知らせる目的で昼間に点灯することもあります。

無線アンテナ

運転士や車掌などの乗務員と総合指令室などが連絡を取りあうための装置です。

行き先表示器

列車の行き先を表示します。

連結器

電車同士を連結するときに使います。

付随台車

電動台車とほとんど同じつくりですが、モーターがついていません。

先頭車両のいろいろ

列車を連結したときに通りぬけられるように「貫通扉」がついた先頭車両があります。地下鉄に乗り入れる車両のほとんどは、非常時の脱出口として扉がついています。

▼721系です。　▼12-600形です。

貫通扉　脱出口

取り入れた電気の流れ

パンタグラフ

モーター

1 電気を取り入れる

パンタグラフで架線から電気を取り入れます。

2 電気を変換する

取り入れた電気の電圧や周波数などをVVVFインバータで変換します。

3 モーターを動かす

変換された電気で効率よくモーターを動かし、動力を車輪に伝えます。

VVVFインバータ

電気を再利用する回生ブレーキ

発電機はモーターとしくみが同じで、回転させることで電気が発生します。このしくみを利用したのが「回生ブレーキ」です。電車が減速しているときにモーターを発電機として働かせて、発生した電気を架線にもどして、ほかの電車で再利用するしくみです。現在では、ほとんどの電車が回生ブレーキを装備しています。

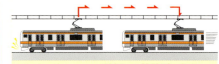

ブレーキをかけた列車　走行中の列車

第三軌条

集電靴

電気の取り入れ方のいろいろ

台車に取りつけられた「集電靴」から電気を取り入れる車両があります。この方法を「第三軌条方式」といい、せまいトンネルを走る地下鉄などで、おもに使われます。

パンタグラフ

架線から電気を取り入れます。ばねや圧縮空気で、一定の力で架線におしつけられています。

架線

空調装置

一般的な家庭用エアコン約20台分の冷房・除湿能力があります。

空気タンク

ブレーキなどに使う圧縮空気をためておくところです。床下に配置されます。

電動台車

モーターがついている台車です。E233系（10両編成の場合）だと、2・3・4・5・8・9両めに、電動台車が前後1台ずつついています。1台の台車には、2基のモーターがついています。

乗降扉

E233系では、1車両の片側に4か所の両開き扉がついています。一部の形式では、乗客がボタンを押して、扉の開け閉めをおこなう半自動タイプの車両もあります。

VVVF インバータ

「VVVF」は、「電圧と周波数をかえることができる」という意味です。取り入れた電気をあつかいやすいように変換します。

直流電化と交流電化

電流には「直流」と「交流」の2種類があります。身近な例では、直流は電池から流れる「電圧が常に一定の電流」で、交流はコンセントから流れる「電圧が一定の周期で変化する電流」です。電車が走る路線では、直流が流れる「直流電化」された路線と、交流が流れる「交流電化」された路線があります。はじめに電化された東京・大阪・名古屋などの都市部の路線はほとんどが直流電化で、交流電化の路線はあとから電化された東北、北海道、九州などに多く見られます。また、新幹線は電気を大量に消費するので、効率よく大量の電気を送ることができる特性をもつ交流を採用しています。

常磐線でかつやくするE531系のように、直流と交流のどちらでも走れる「交直流電車」もあります。

ディーゼルカーは、軽油を燃料とするディーゼルエンジンでつくったエネルギーを車軸に伝えて走ります。ディーゼルカーは走るために電気を必要としないので、線路さえあればどこでも走ることができます。ディーゼルカーは「気動車」とも呼ばれています。

ディーゼルカーのしくみ

キハ40形ディーゼルカーでしくみを見てみましょう。

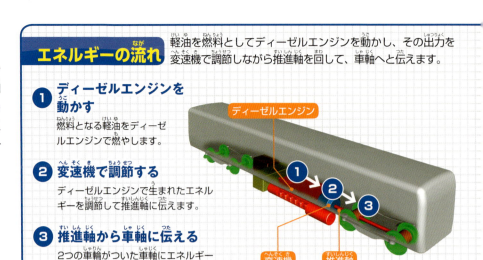

エネルギーの流れ

軽油を燃料としてディーゼルエンジンを動かし、その出力を変速機で調節しながら推進軸を回して、車軸へと伝えます。

1 ディーゼルエンジンを動かす

燃料となる軽油をディーゼルエンジンで燃やします。

2 変速機で調節する

ディーゼルエンジンで生まれたエネルギーを調節して推進軸に伝えます。

3 推進軸から車軸に伝える

2つの車輪がついた車軸にエネルギーを伝えて、列車を走らせます。

ディーゼルエンジン ① ② ③
変速機　推進軸

前部標識
列車の前部であることをあらわす標識にライトを使っています。ライトや車内の電力は、ディーゼルエンジンの力で発電しています。

推進軸
変速機で調節された動力を車軸に伝えます。

変速機
速度や走行状況に合わせて、動力をむだなく推進軸に伝えます。

燃料タンク
エンジンの燃料となる軽油をためておくところです。

動台車
推進軸とつながっている台車です。

逆転機
列車の進行方向を切りかえます。

ディーゼルエンジン
燃料の噴射方法のちがいから、「副燃焼室式」と「直接噴射式」があります。

冷却装置
過熱しやすいエンジンなどの機器類がオーバーヒートするのをふせぎます。

付随台車
推進軸とつながっていない台車です。

徳島県は「ディーゼル王国」

鉄道路線には、「電化区間」と「非電化区間」があります。電化区間は、架線や第三軌条などから電気を取りこめる区間のことで、非電化区間はこうした設備がなく、電車が走れない区間のことです。日本では半分以上の路線が電化区間で、人口や列車の本数が多い都市部に多く、非電化区間は都市部からはなれたところに多くなっています。非電化区間が多い県でも、ほとんどの都道府県には電化区間があり、電車が走っていますが、徳島県だけは電化区間がなく、電車が走っていません。じつは、徳島県はディーゼルカーだけが走る「ディーゼル王国」なのです。

徳島線を走る1500型です。徳島線、鳴門線、牟岐線など、徳島県を走る路線はすべて非電化区間です。

電気+ディーゼルエンジンの「ハイブリッド車両」

電車とディーゼルカーのほかにも、電気とディーゼルエンジンの両方のエネルギーを利用して走る「ハイブリッド車両」があります。ハイブリッド車両は、2007年にキハE200形が世界ではじめて営業運転をはじめました。ディーゼルカーにくらべて燃料の消費、走行時の騒音や有害物質の排出をおさえたことが特ちょうです。こうした特ちょうから「環境にやさしい車両」として注目されています。

小海線を走るキハE200形です。車体の側面に英語で「HYBRID」とかかれています。

ハイブリッド車両のしくみ

ハイブリッド車両では、蓄電池の電気とディーゼルエンジンで発電した電気を効率的に使って走ります。各部やエネルギーの流れを見てみましょう。

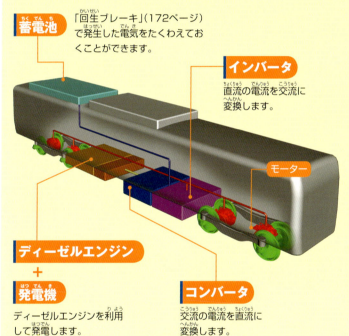

蓄電池
「回生ブレーキ」(172ページ)で発生した電気をたくわえておくことができます。

インバータ
直流の電流を交流に変換します。

モーター

ディーゼルエンジン ＋ 発電機
ディーゼルエンジンを利用して発電します。

コンバータ
交流の電流を直流に変換します。

ハイブリッド車両のエネルギーの流れ

① 発車時
エンジンは使わずに、蓄電池にためた電気でモーターを動かします。エンジン音がなく、しずかに発車できます。

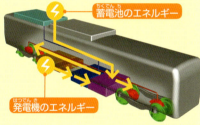
蓄電池のエネルギー

② 加速時
速度を上げて、より多くの電力が必要になると、エンジンを使って発電した電気を使いモーターの出力を上げて加速します。

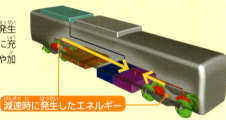
蓄電池のエネルギー
発電機のエネルギー

③ 減速時
「回生ブレーキ」で発生した電気を蓄電池に充電して、次の発車や加速に使います。

減速時に発生したエネルギー

電車やディーゼルカーの座席

電車やディーゼルカーの座席は、おもに3種類あります。車両の窓側に長い座席が取りつけられた「ロングシート」、進行方向に向けて座席がおかれた「クロスシート」、ロングシートとクロスシートを組み合わせた「セミクロスシート」です。

ロングシート
たくさんの人が乗ることができるので、おもに通勤形車両で使われます。

クロスシート
乗客同士が向かい合って座れます。座席の向きを変えられるものもあります。

セミクロスシート
通勤形車両よりも長い距離を走る近郊形車両に使われます。

列車を安全に走らせるしくみ

レイルマンやまさきのポイント

線路や架線、標識や信号……列車を安全に走らせるためにさまざまな設備があります。それぞれのしくみを見てみましょう。

Q 線路にはたくさん種類があるの？

A 線路には、走る車両やつくられる場所に合わせて、さまざまな種類があります。もっとも一般的な「バラスト軌道」は、「レール」「枕木」「道床（バラスト）」と、土台となる「路盤」で構成されています。

バラスト軌道

路盤には土などを使い、道床には「バラスト」と呼ばれるくだいた石を使います。木やコンクリートの枕木をレールと直角に並べて固定する、もっとも広く使われている線路です。

レール
車輪を乗せる部分です。

枕木
レールを固定します。

道床（バラスト） ＋ 路盤
道床はクッションの役割をします。その下の路盤は土台となります。

道床

路盤

コンクリート枕木

弾性バラスト軌道

床面に弾性材を取りつけたコンクリート枕木を、高さ調節コンクリートに固定します。軌道がゆがみにくく、騒音をへらすことができます。

スラブ

スラブ軌道

コンクリートの板（スラブ）を並べてレールを取りつけたもので、保守がかんたんです。東海道新幹線をのぞく新幹線で、おもに使われています。

コンクリート直結軌道

コンクリートの路盤に直接レールを取りつける方法です。長いトンネルなど、地盤がかたい区間でおもに使われています。

ラダー枕木

バラストラダー軌道

レールの真下に沿って、コンクリートの枕木（ラダー枕木）を敷いた線路です。線路にかかる力を分散させて、レールをゆがみにくくしています。

フローティングラダー軌道

ラダー枕木の下にゆれをおさえる防振材などを入れ、コンクリートの路盤から浮かせているので、騒音をへらすことができる線路です。

Q レールはなにで できているの？

A 鉄道車両は1両で30tをこえる重さです。その重量をささえられるように、レールはかたくてじょうぶな鋼鉄でつくられています。日本では、1mあたりの重さが50kgのレールと60kgのレールが多く使われています。1本の長さは25mが基本で、溶接してつなげた長さが200m以上になると、ロングレールと呼ばれます。

レールをつなげるときは『伸縮つぎ目』を使うこともあります。

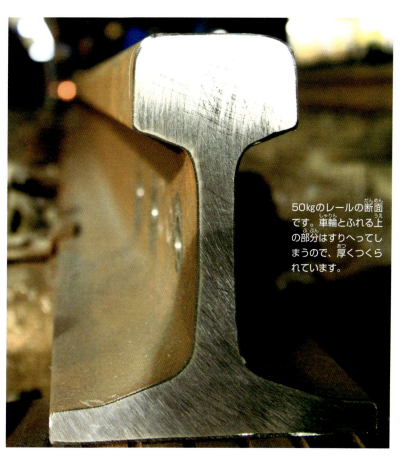

50kgのレールの断面です。車輪とふれる上の部分はすりへってしまうので、厚くつくられています。

フランジ

車輪の内側には「フランジ」といういう出っぱりがあり、車輪が脱線するのをふせぎます。

レールと車輪がふれる面積が小さく、摩擦がすくないので、鉄道車両はすこしの力で多くの人や貨物を運べます。

カーブを曲がれるしくみ

鉄道車両の車輪は、レールと接する部分がゆるやかな曲線になっています。このつくりによって、カーブを曲がるときには、必ずカーブの内側の車輪の直径が短くなります。紙コップを転がすと、直径が短い底側の方に曲がるように、鉄道車両はレールに沿ってカーブをうまく曲がるのです。

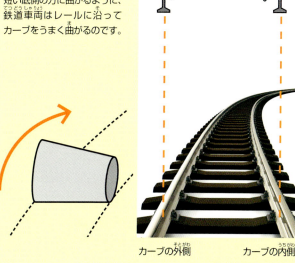

カーブの外側　　　カーブの内側

Q レールの左右の はばがちがう？

A 左右のレールの間の長さを「軌間」といいます。日本の新幹線では1435㎜の軌間が使われていて、この軌間は「標準軌」といい、世界でもっとも多く使われています。日本ではおもに右の4種類の軌間が使われていて、もっとも多く使われているのが1067㎜の軌間です。「標準軌」よりも広い軌間を「広軌」、せまい軌間を「狭軌」といいます。

762mm	1067mm	1372mm	1435mm

黒部峡谷鉄道
三岐鉄道（北勢線）
四日市あすなろう鉄道

JR在来線
名古屋鉄道
東武鉄道
西武鉄道
南海電気鉄道 など

函館市企業局
京王電鉄＊
東京都交通局（新宿線）
東京都交通局（荒川線）
など
＊井の頭線をのぞく

新幹線
京成電鉄
阪急電鉄
近畿日本鉄道＊
など
＊御所線・道明寺線・長野線・
南大阪線・吉野線をのぞく

Q どうしてレールが 重なっているの？

A 列車は自動車などとはちがい、自分の力で車輪の向きをかえて曲がることができません。列車が進む向きをかえるときには、「分岐器」を利用します。たくさんの路線が合流する駅では、いくつものレールが重なった分岐器がかつやくしています。たくさんの種類の分岐器によって、列車を安全に、目的の場所に誘導します。

分岐器は、転てつ機（ポイント）を使って切りかえます。

転てつ機

ダイヤモンドクロッシング

シーサースクロッシング

並行してつづく線路で、どちらからでもとなりの線路に進行方向をかえることができる分岐器です。線路が交差するひし形の部分を「ダイヤモンドクロッシング」といいます。

片開き分岐器

直線の線路から、ほかの線路が右または左側に分かれる分岐器です。

両開き分岐器

直線の線路が、左右対称に2方向に分かれます。

ダブルスリップスイッチ

ダイヤモンドクロッシングの両側に渡り線をつけた分岐器です。

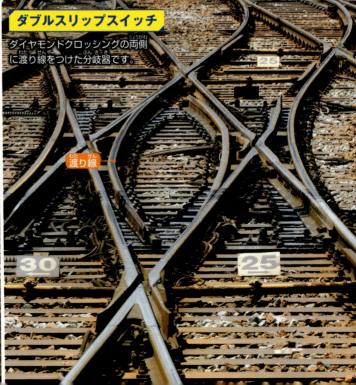

渡り線

Q どうして架線は ジグザグなの？

架線

A 電車は架線からパンタグラフで電気を取り入れて走りますが、そのとき架線とパンタグラフは接してこすれています。銅や鋼などでできた架線とパンタグラフがこすれると、パンタグラフはすりへります。まっすぐに架線をはるとパンタグラフの同じ部分だけがすりへってしまうので、ジグザグにはることによって、すりへる部分を分散させているのです。

まっすぐな架線だと、中心がたくさんすりへります。

パンタグラフ

ジグザグな架線だと、中心以外の部分もすりへります。

架線のしくみ

架線はいくつかのケーブルでつくられています。電気が流れている「トロリー線」とトロリー線をつるす「吊架線」、吊架線とトロリー線をつなぐ「ハンガ」でできています。また、高速走行してもトロリー線とパンタグラフがはなれにくいもの、地下鉄などせまい場所に適したものなど、架線にもさまざまな方式があります。

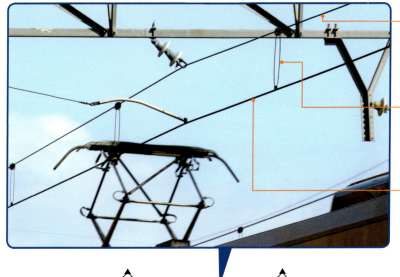

吊架線
トロリー線を一定の高さにつるためのものです。

ハンガ
吊架線にトロリー線をつるための金具です。

トロリー線
パンタグラフが直接触れる部分です。電車の動力となる電気が流れています。

シンプルカテナリ式

吊架線からハンガでトロリー線をつりさげる、もっとも広く使われているつりさげ方式（カテナリ）です。

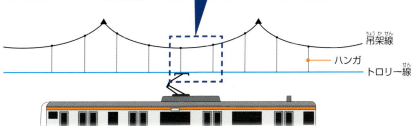

吊架線
ハンガ
トロリー線

コンパウンドカテナリ式

吊架線とトロリー線の間に補助吊架線を追加した方式です。高速走行でもパンタグラフとトロリー線がはなれにくいので、おもに特急が走る路線などで使われます。新幹線では、より太い線を使った「ヘビーコンパウンドカテナリ式」が採用されています。

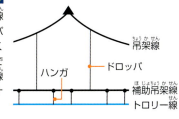

吊架線
ハンガ
ドロッパ
補助吊架線
トロリー線

剛体吊架式

地下鉄で見られる方式です。トンネルの天井に取りつけたＴ字の金属にトロリー線をつります。

25-18

トロリー線

Q 標識にはどんな役目があるの？

A 線路のまわりには、数字や文字がかかれた標識がたくさん立てられています。標識は停止位置のルールや線路の情報、その区間で出していい速度などをあらわします。運転士が列車を安全に走らせるために、かかせないものです。

列車の発車や停止に関係する標識

列車停止位置目標

先頭車両がどの位置でとまればよいかをしめす標識で、運転士がブレーキ操作の目標にします。停止位置は列車の車両数でかわるので、車両数ごとに列車停止位置目標があります。

15両用です。

2両用です。

車両数の指定がないものもあります。

出発反応標識

車掌や駅係員に出発信号機の状態を知らせる装置で、「レピーター」ともいいます。

この標識は「上り3番線」のものであることをあらわしています。

信号喚呼位置標

前方の信号機の確認を、声に出してするようにしめす標識です。

「出」は、出発信号機に対する標識です。

軌道回路境界位置目標

駅で停止位置をこえた列車の最後尾車両がこの標識をこえると、次の閉塞区間（182ページ）に入ります。すると、うしろを走る列車が近づいてくるので、この列車はバックしてもどることはできません。

線路に関係する標識

距離標
「キロポスト」ともいい、その路線の起点から何kmはなれているかをあらわします。

起点から20kmはなれていることをしめしています。

起点から63.5kmはなれていることをしめしています。

曲線標
カーブがはじまる地点をあらわします。

ここから半径360mのカーブがはじまることをしめしています。

てい減標
カーブが終わる地点をあらわします。

勾配標
黒い板は水平をしめし、白い板にかかれた数字は、1000m進んだときに水平からどれほどの勾配(高さの変化)がつくかをあらわします。

1000m進むと4.5m下がることをしめしています。

速度に関係する標識

速度制限標識
表示の速度に制限される区間のはじまりにあります。

すべての列車は70kmで走れます。キハ281系とキハ283系に限って、30km速い100kmで走ることができます。

分岐用の標識で、右側への分岐が35kmに制限されています。

速度制限解除標
この標識があるところから速度制限がなくなることをしめしています。

雪掻車警標
除雪車両(195ページ)の専用の標識です。上の標識は「ウイング使用禁止」、下の標識は「フランジャー使用禁止」をあらわします。

架線死区間標識
交流と直流の境目にある電気の流れていない区間(デッドセクション)をしめす標識です。

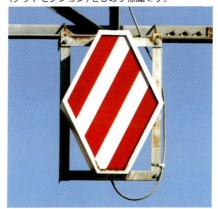

181

Q 鉄道用の信号機にはランプがたくさんある？

A 自動車用の道路に信号機があるように、鉄道には鉄道用の信号機があります。自動車用の信号機はランプが3つですが、鉄道用の信号は、ランプが4つや5つのものが多く、6つのランプをもつ信号機や、7つのランプをもつ中継用の信号機もあります。色とその点灯位置の組み合わせで標示するので「色灯式信号機」と呼ばれています。

出発信号機
4灯式の出発信号機です。駅から列車を進出させるための信号機です。

信号機の種類

閉塞信号機

鉄道では、追突事故をふせぐため、「閉塞」という方式で、ひとつの区間（閉塞区間）にはひとつの列車しか入れないようにしています。前を走る列車が次の区間にいるときは赤信号をしめし、前の列車がその区間を出ると、黄や青信号をしめします。

信号機のあらわす意味（5灯式の場合）

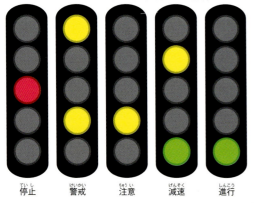

| 停止 | 警戒 | 注意 | 減速 | 進行 |

閉塞区間1　　閉塞区間2

閉塞区間1に列車が入るとき、前に列車がいなければすべての信号は「進行」です。

閉塞区間1に列車が入ると、閉塞区間1の入り口にある信号は「進行」から「停止」にかわり、入れないようになります。

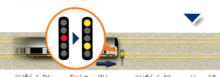

閉塞区間2に列車が入ると、閉塞区間2の入り口にある信号は「進行」から「停止」にかわり、閉塞区間2に入れなくなります。閉塞区間1の信号は「停止」から「警戒」になり、入ることができます。

中継信号機

先にある信号機の見通しが悪い場合に、手前に設置して運転士があわてないようにする補助信号機です。

進行　　制限　　停止

「進行」をあらわしています。

腕木式信号機

色灯式信号機の前によく使われた、木の板の信号機です。板が下を向いていれば「進行」、水平なら「停止」で、転てつ機と連動しています。

「停止」をあらわしています。

特殊信号発光機

踏切や落石のおそれがあるところなどに設置される信号機です。異常が発生したとき、赤く強い光で運転士に危険を知らせます。

回転形　　点滅形

入換信号機

駅や車両基地での入れかえ作業に使います。下2つの点灯で「停止」、左下と中央上の2つの点灯で「進行」です。

「停止」をあらわしています。

毒針をもつ危険な昆虫「オオスズメバチ」の体色と同じ警告色です。

Q 踏切の警報機の色はどうして黒と黄色なの?

A ほとんどの踏切の警報機には、黒と黄色が使われています。黒と黄色の組み合わせは「警告色」と呼ばれていて、目につきやすく、危険を知らせるはたらきがあるからです。

踏切の種類

第一種踏切

自動遮断機と自動警報機が設置されている踏切です。現在では、ほとんどがこのタイプです。

第二種踏切

鉄道博物館提供

踏切保安係が一部の時間帯だけ遮断機を操作していた踏切で、一般の鉄道にはもうありません。

第三種踏切

自動警報機と警戒標識はありますが、遮断機のない踏切です。警報機が鳴ったら立ち入らないようにしましょう。

第四種踏切

警戒標識だけで、遮断機も警報機もない踏切です。列車の接近がわからないので、注意が必要です。

踏切事故をへらすための設備

踏切のまわりには、事故をへらすためのさまざまな設備があります。踏切の中に障害物がないかを自動的に見つける「踏切障害物検知装置」や、運転士に危険を知らせる「踏切非常ボタン」、正面からしか見えない警報灯を改良した「全方位型警報灯」など、いくつもの設備で事故を未然にふせぎます。

踏切障害物検知装置

たくさんの検知器で、踏切内の障害物を自動的に見つけます。障害物を見つけると、特殊信号発光機や踏切手前の信号機を赤にするなどして運転士に通報します。

踏切非常ボタン

ふつうの警報灯(上)は正面からしか見えませんが、全方位型の警報灯(右)は、どこから見ても光っているのがわかるような形をしています。

全方位型警報灯

Q 線でかかれた時刻表があるの？

A 鉄道は「どの列車が何時何分にどの駅を出発する」という計画をもとに運行しています。この運行計画をひと目でわかるようにしたものが「ダイヤグラム」（列車運行図表）です。ダイヤグラムでは、列車ごとの運行の予定が線であらわしてあります。列車が遅れることを「ダイヤがみだれる」と表現することがありますが、この「ダイヤ」とはダイヤグラムのことです。駅にある時刻表は、このダイヤグラムから時刻だけをぬきだしてつくられています。ダイヤグラムは鉄道員が使うものなので、一般の人が見ることはすくないです。

一部の鉄道会社では、ダイヤグラムを配布したり販売したりしています。

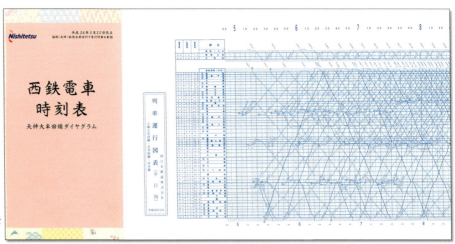

ダイヤグラムを読んでみよう

ダイヤグラムでは横線は駅を、縦線は時刻をあらわし、列車の運行予定をななめの線であらわしています。横線の間隔は、各駅間の距離によってそれぞれ調整されています。西日本鉄道が配布している天神大牟田線のダイヤグラム（平成26年3月）の一部を読んでみましょう。

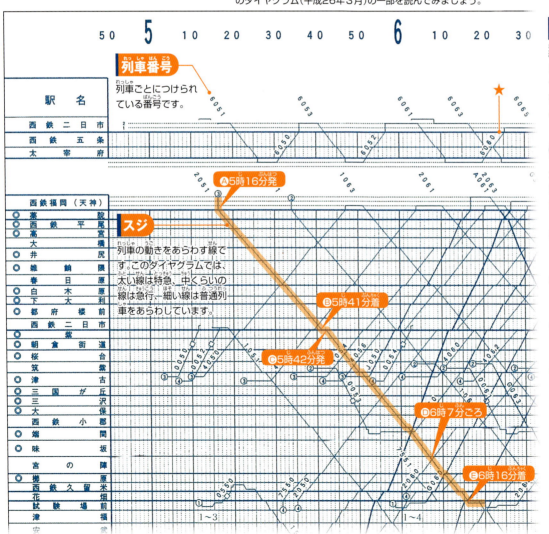

列車番号
列車ごとにつけられている番号です。

スジ
列車の動きをあらわす線です。このダイヤグラムでは、太い線は特急、中くらいの線は急行、細い線は普通列車をあらわしています。

Ⓐ5時16分発
Ⓑ5時41分着
Ⓒ5時42分発
Ⓓ6時7分ごろ
Ⓔ6時16分着

時刻
縦に引かれた線は時刻をあらわしています。このダイヤグラムは1分ごとに線が引かれています。★マークのところは6時24分です。

スジの読み方の例
オレンジ色の線でなぞった部分は、列車番号「2051」の動きをあらわしています。

Ⓐ5時16分に西鉄福岡（天神）駅を発車します。

Ⓑ5時41分に西鉄二日市駅に到着します。

Ⓒ5時42分に西鉄二日市駅を発車します。

Ⓓ6時7分ごろ、味坂駅と宮の陣駅の間で2060列車とすれちがいます。

Ⓔ6時16分に花畑駅に到着します。

右下がりの線は西鉄福岡（天神）駅から下り方面に向かって走り、右上がりの線は、上り方面に向かって走ります。

列車を安全に運行するためのシステム

複雑なダイヤグラムが組まれる都市部の電車や、高速走行をおこなう新幹線では、列車の運行を管理したり、事故を未然にふせいだりするために、さまざまなしくみを利用しています。

ATO（自動列車運転装置）

列車の出発、走行速度のコントロール、停止までをすべて自動でおこないます。駅とはなれた場所にある「中央指令所」に列車の位置を確認できる表示盤があり、運行状況を管理しています。おもに、地下鉄や新交通システム（198ページ）で使われているシステムです。

早期地震警報システム

路線の沿線に設置した地震計が地震発生初期のゆれをとらえ、送電を止めて走行中の列車を停止させます。おもに新幹線で使用されているシステムです。

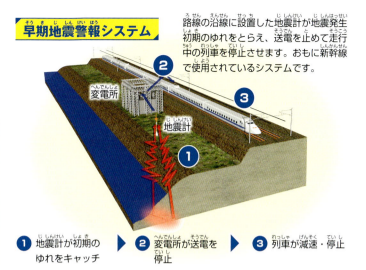

変電所
地震計

1 地震計が初期のゆれをキャッチ ▶ **2** 変電所が送電を停止 ▶ **3** 列車が減速・停止

ATC（自動列車制御装置）

信号からの情報を受け、列車が制限速度をこえている場合は自動的にブレーキをかけて速度をコントロールします。情報のやりとりはレールに電流を流しておこなわれています。

区間3　進入禁止
区間2　制限速度 時速40km
区間1　制限速度 時速70km

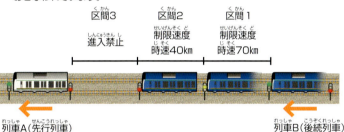

列車A（先行列車）　　　　　　列車B（後続列車）

ATS（自動列車停止装置）

運転士が停止信号を見落として列車を減速しなかったときに、自動的にブレーキをかけて追突をふせぐ非常用のシステムです。列車が制限速度をこえたときに、自動的にブレーキをかけて制限速度以下に落とすものもあります。

地上子

線路内にある「地上子」が、停止信号を見のがした車両を検知します。

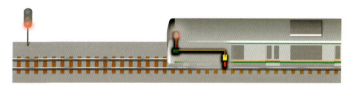

Q 運転士がいない列車がある？

ゆりかもめで運行する7500系は、乗務員のいない列車です。

A ATOを使用している列車のなかには、乗務員がひとりもいない列車があります。中央指令所によって、発車から停車、駅でのドアの開閉まですべて自動でおこなっているため、運転士も車掌も列車に乗っていません。

鉄道トンネル・鉄道橋

レイルマンやまさきのポイント

日本は山間部が多いため、鉄道を敷くにはトンネルをたくさんほらなければなりませんでした。そのおかげもあってか、現在の日本のトンネル技術は世界一ともいわれています。

中央本線と総武本線の矩形トンネルが3つ並んだ場所です。

トンネルの形

円形トンネル

地下鉄のトンネルに多い形です。じょうぶなつくりですが、通行部分は平らにしなければならないので、下にむだな空間ができてしまいます。

矩形トンネル

浅い地下や、地中にある駅などの部分に使われるトンネルです。通行する部分だけをほるので、むだがすくない形です。

馬蹄形トンネル

円形と矩形を合わせた形です。むだがすくなく、じょうぶにできています。馬のひづめ(馬蹄)と形が似ているため、こう呼ばれています。

熊本県の三角線の馬蹄形トンネルです。レンガでつくられた古いトンネルです。

東京メトロの円形トンネルです。

Q どの形のトンネルがいちばん多いの？

A 鉄道トンネルは、円形トンネルと馬蹄形トンネルのようにまるい形のトンネルが多いです。外から力が加えられたとき、もっともがんじょうなつくりが円形だからです。山や地下につくられるトンネルには、土の重みなどでかなりの圧力が加えられますが、円形は圧力をうまく分散できるので、ほかの形よりも変形しにくいのです。

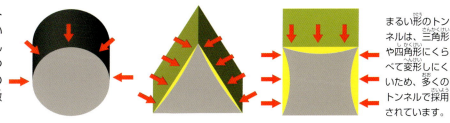

まるい形のトンネルは、三角形や四角形にくらべて変形しにくいため、多くのトンネルで採用されています。

さまざまな場所にあるトンネル

山岳トンネル 山をくりぬいてつくられます。山からの圧力でつぶされないよう、馬蹄形になっているものが多いです。

東北の奥羽本線にある山岳トンネルです。

都市トンネル 都市の地下につくられたトンネルです。上に車道しかないような圧力があまりかからない場所では矩形トンネルがつくられます。

東京メトロ丸ノ内線のトンネルです。丸ノ内線は、一部の区間が地上に出ているめずらしい地下鉄です。

海底トンネル 海底の下を通るトンネルです。川や湖の下を通るものもふくめて「水底トンネル」とも呼ばれます。

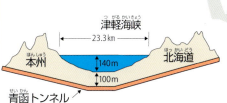

北海道と本州を結ぶ「青函トンネル」です。

青函トンネル 全長53.85kmの日本でもっとも長い海底トンネルです。北海道新幹線が走るために、軌間の広い新幹線用の線路も設置されています。

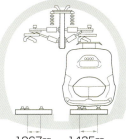

1067mm　1435mm

津軽海峡
23.3km
本州　140m　北海道
100m
青函トンネル

流線形で騒音をへらす

新幹線やリニアモーターカーが高速走行をしながらトンネルに突入すると、出口のほうでは大きな音が発生します。これは「トンネル微気圧波」と呼ばれる空気の衝撃波のようなものが出口まで伝わり、振動や音を生みだすからです。この騒音は大きく「ドン」とひびくことから「トンネルドン」と呼ばれています。新幹線やリニアモーターカーの先頭車両の先は通勤電車のような四角い形ではなく、なめらかな流線形になっています。空気を逃がすように走ることができる流線形の先頭車両だと、トンネルドンをおさえることができるからです。

N700Aの先頭車両です。

鉄道橋の種類

鉄道トンネル・鉄道橋

レイルマンやまさきのポイント

川や谷などを渡るためにつくられる鉄道橋。たくさんの鉄道橋があるのも、山が多い日本の鉄道の特ちょうです。さまざまな種類の鉄道橋を見てみましょう。

桁橋

鋼やコンクリートでできた橋桁を、橋脚がささえます。かんたんなつくりで、よく見られる橋です。「プレートガーダ橋」とも呼ばれます。

橋脚

橋桁

トラス橋

3本の鉄骨を三角形に組み合わせた「トラス構造」で橋桁をささえる橋です。軽くてじょうぶなつくりをしています。トラスの形によってさまざまな名称がつけられていて、線路の位置によって「上路式」「中路式」「下路式」の3種類に分けられます。

曲弦トラス橋（下路式）

トラスの上の部分が橋の中央で盛り上がったアーチ状になっています。

ワーレントラス橋（下路式）

トラスの上下を垂直につなぐ鉄骨がないW形で、現在のトラス橋の主流です。

トラス構造

上路式 トラス構造の上に線路があります。

中路式 トラス構造の中に線路があります。

下路式 トラス構造の下に線路があります。

アーチ橋
アーチの部分で重みをささえるつくりで、古くからつくられている橋のひとつです。おもに峡谷などにかけられます。

ラーメン橋
ドイツ語で「骨組み」を意味する「ラーメン」が名前の由来になっています。橋桁と橋脚が一体化した橋で、ゆれに強いのが特ちょうです。

斜張橋
塔からななめにはられたケーブルで橋桁をつってささえる橋です。桁橋、トラス橋、アーチ橋よりも長い橋をかけることができます。

つり橋
塔の間にケーブルがはられ、そこからたらしたハンガで橋桁をつってささえます。もっとも長い橋をかけることができるつくりです。

日本でゆいいつの動く鉄道橋

三重県四日市市の運河にかかる「末広橋梁」は、日本でゆいいつ現役の鉄道可動橋（動く橋）です。「はねあげ橋」と呼ばれるタイプの橋で、ふだんは船が通ることができるように橋桁がはねあがっています。列車が通過するときは、係員が操作して橋桁をおろします。

189

鉄道の健康診断

レイルマンやまさきのポイント

鉄道車両は、たくさんの人びとを乗せて走ります。いつも安全に走行できるように、定期的に車両検査をおこなっています。車両がクレーンでもちあげられるようすは迫力満点です。

さまざまな検査

列車を安全に走らせるためには、走行距離や運用期間に合わせて、いくつかの検査が義務づけられています。ここでは京成電鉄の特急「スカイライナー」の検査を紹介します。

列車検査

10日間に1回の割合でおこなわれる検査です。ブレーキやライトなどを検査します。分解はしません。

月検査 〔見てみよう！ DVD 探検！車両基地〕

3か月をこえない期間ごとにおこなう検査です。パンタグラフや、ドアを開け閉めする装置などについて、カバーを取り外して内部を検査します。

重要部検査

4年以内、または走行距離が60万kmをこえない期間ごとにおこないます。モーターや台車など、走行に関係するおもなパーツを分解して検査します。

検査が終わった先頭車両が、クレーンで台車におろされるところです。

全般検査

8年をこえない期間ごとにおこなう検査です。あらゆる検査のなかで、もっとも大がかりな検査です。台車、パンタグラフ、床下機器など、ほとんどの機器を取り外して、異常がないかを検査します。

洗浄機

台車の洗浄

車両から取り外した台車を専用の洗浄機できれいにします。

パンタグラフの検査 屋根から取り外して、検査してきれいにします。

台車の検査

台車を分解して、台車枠や車輪などの部品に分けます。分解された台車枠や車輪は、人の目や超音波で検査されます。

台車枠

塗装 塗装が古くなってしまった車両を再塗装します。

鉄道車両専用の洗浄機

鉄道車両を洗浄するときは、自動車の洗車機のような鉄道車両専用の大型洗浄機を使います。こまかい部分はモップなどを使って人の手で洗浄します。

車両基地には、鉄道車両専用の大型洗浄機があります。

DVD 探検！車両基地

モーターの検査 モーターをこまかく分解して検査します。点検が終わったら、モーターを組み立てます。

線路の健康診断をする機械

レイルマンやまさきのポイント

線路の健康状態をチェックして、安全に列車が運行できる状態を保つことを「保線作業」といいます。保線作業は通常夜中におこなわれるので、ここではふだん目にすることのない保線車両や保線作業員が、どのように働いているのかを見てみましょう。

鉄道の健康診断

ランプ

作業中は光ります。

ここで車両を運転します。前が見やすいよう、大きな窓がついています。

運転室

操作室 足もとの窓から、ユニット部の動きを見て操作します。

マルチプルタイタンパー（京成電鉄）

線路の上をなんども列車が走ることで、線路はゆがみます。マルチプルタイタンパーは、バラストをつきかためてゆがんだ線路を調整する保線車両です。1時間に300〜500mの線路をなおすことができます。

DVD 働く鉄道

検測用車輪

線路のゆがみを測定して、線路を動かす量を操作室に伝えます。

ユニット部 保線作業をする部分です。

ツール 上下に動いてバラストをつきかためます。

クランプ レールを枕木ごともちあげます。

軌道・電気総合試験車

在来線の線路、架線、信号通信設備の状態を検測する車両です。「ドクター東海」と呼ばれているディーゼルカーです。

レール削正車

騒音をへらしたりレールの寿命をのばしたりするために、長期間使われていたんでしまったレールをけずって、形を整える作業車です。

道床交換車

古くなったバラストを、新しいものにかえる作業車です。

コンベアでバラストをかきあげてふるいにかけたあと、新しいバラストをくわえてもどします。

バラスト運搬車 線路に敷くバラストを運びます。

レール運搬車

レールを運ぶ車両です。長さ200mをこえるロングレールを運べる車両もあります。

見てみよう！ **DVD** 働く鉄道

ユニット部のはたらき

クランプでレールをもちあげたあとは、その下にあるバラストをツールでつきかためます。バラストの高さを調整することでレールの高さを調整できます。また、クランプがレールをもちあげたときに、軌間を正しく調整することもできます。

人がおこなう線路の健康診断

保線作業は、機械だけでなく、人の手でもおこなわれています。ここでは、昼間におこなわれるレールの検査のさまざまな仕事と、夜間におこなわれるレール交換の仕事を見てみましょう。

レール検査

レール拝見

レールを目で見て、ゆがみがないか、高さがそろっているかを確かめます。

ATS地上子検査

線路内に設置されたATS（185ページ）の装置を検査します。

転てつ機検査

転てつ機が、正常に働いているかを検査します。

レール探傷

レールに超音波をあてて、表面や内部に傷がないかを検査します。

レール交換

作業スタート

真夜中に集まり、最終電車が行ったあと、保線作業がはじまります。

レールの切断

古くなったレールを専用のカッターで切断します。

レールの設置

新しいレールを取りつけます。

道床つきかため

レールを取りかえた部分のバラストをつきかためます。

作業の終了

取りつけたレールをチェックして作業終了です。

雪をかき分ける除雪車両

雪の多い地域では、冬になると大雪で線路がうもれてしまいます。そんなときにかつやくするのが除雪車両です。

見てみよう！
DVD 働く鉄道

ラッセル車

先頭車両についた「ブレード」と、その先についた「フランジャー」などを使って線路上の雪をおしのけながら走ります。

ブレード
先頭車両の前面の大きな板のような部分です。

フランジャー
線路の間の雪をかきだす部分です。上下に動きます。雪掻車警標があるところでは上に上げて走ります。

ロータリー車

先頭車両についた「ロータリー」で雪をかきこみ、「排雪口」からはきだしながら走ります。

排雪口

ロータリー

見てみよう！
DVD 働く鉄道

反対側にラッセル用のブレードがついている車両も多く見られます。

ブレード

ウイング

線路脇の雪を横におしのけます。雪掻車警標（181ページ）があるところでは、たたんで走ります。

ササラ電車

車両の前後にある「ササラ」と呼ばれる竹のブラシで雪をはらいます。

見てみよう！
DVD 働く鉄道

▼ササラ電車は、札幌市交通局と函館市企業局でかつやくしています。

ササラ

195

「モハ」とか「キハ」ってなんだろう？
車両記号博士になろう

車両記号博士になろう

「車両記号」は、おもに車両の側面や先頭車両の前面にかかれているカタカナや英数字のことで、その車両がどんな車両かをあらわしています。まずはJR東日本のE231系を例に、車両記号をおぼえてみましょう。

E231系（JR東日本）
中央線や総武線でかつやくする、直流区間を走る通勤列車です。

電車の車両記号

形式記号
運転台や動力がついているかどうかや、車両の用途、設備をあらわします。同じ列車でも、車両によって記号がちがいます。車両の用途や設備をあらわす記号の意味は、ディーゼルカーや客車でも共通です。

形式数字
その列車の形式をあらわします。同じ形式でも車両によっては設計番号がちがう場合もあります。

車両番号
車両番号の意味はすべての種類の車両で共通です。その形式で何番めにつくられたかをあらわします。

◆ モハE231-86

車両の種類 ／ **車両の用途**

車両の種類	車両の用途
ク➡運転台つき	ロ➡グリーン車
モ➡モーターつき	ハ➡普通車
クモ➡どちらもある（運転台＋モーター）	シ➡食堂車
サ➡どちらもない	ネ➡寝台車

電気の方式
「東」という意味の英語「East」の頭文字です。1994年12月以降に登場したJR東日本の車両だけについています。2018年2月以降に登場したJR北海道の車両には「北海道」の英語の頭文字「H」がついています。

電気の方式	列車の種類	設計番号
1〜3➡直流	0〜3➡通勤・近郊形	数字が大きくなるほど、設計が新しいことをあらわします。
4〜6➡交直流	5〜8➡特急・急行形	
7〜8➡交流	9➡試作車	

※JR以外の鉄道会社の車両はおもに数字だけですが、JRのほとんどの電車にはカタカナと数字の車両記号が使われています。

ディーゼルカーの車両記号

形式記号 ／ **形式数字** ／ **車両番号**

キハ54 504

車両の種類	車両の用途
キ➡ディーゼルエンジンがある	ロ➡グリーン車
キク➡エンジンはないが運転台がある	ハ➡普通車
キサ➡エンジンも運転台もない	シ➡食堂車
	ヤ➡職用車
	ネ➡寝台車
	テ➡展望車

（国鉄時代の古い車両）
[十の位]エンジンの種類
1〜4➡液体式エンジン1台
5➡液体式エンジン2台
6・7➡大出力エンジン
8➡特急用
9➡試作車

[一の位]運転台のタイプ
0〜4➡両運転台
5〜9➡片運転台

（JRの新しい車両）
[百の位]動力
1〜2➡ディーゼルエンジン

[十の位]列車の種類
0〜2➡通勤・近郊形
5〜7➡急行形
8➡特急形　9➡試作車

[一の位]
設計された順番

車両記号を読んでみよう

下は「成田エクスプレス」の車両記号です。2つの車両記号を読んで、この車両Aと車両Bがどんな車両なのかを考えてみましょう（答えは下にかいてあります）。

車両A
モハE259-4

車両B
クハE259-1

車両A……モーターのついた（運転台はついていない）普通車で、JR東日本の直流で走る特急・急行形の車両のなかでは設計が新しく、モハE259のなかで4番めにつくられた車両。
車両B……運転台がある（モーターはついていない）普通車で、JR東日本の直流で走る特急・急行形の車両のなかでは設計が新しく、クハE259のなかで1番めにつくられた車両。

機関車の車両記号

機関車は、動力によって蒸気機関車・ディーゼル機関車・電気機関車の3種類があります。形式記号は動力や軸の数をあらわし、形式数字のあらわす意味はそれぞれちがいます。

形式記号	形式数字	車両番号

蒸気　D51 787

ディーゼル　DE10 1118

電気　EF81 404

動力　動軸の数

※9600形、8620形は通常の蒸気機関車と表記の意味がちがいます。

動力
D➡ディーゼル
E➡電気
H➡ディーゼルと蓄電池のハイブリッド

動軸の数
B➡動軸数2
C➡動軸数3
D➡動軸数4
E➡動軸数5
F➡動軸数6
H➡動軸数8

形式数字（蒸気機関車）
石炭や水の運び方（206ページ）をあらわします。
10～49➡タンク式
50～99➡テンダー式

形式数字（ディーゼル機関車）
（国鉄時代の古い車両）
10～39➡最高時速85km以下
50～89➡最高時速85km以上
90～99➡試作機関車

（JRの新しいディーゼル機関車）
100～399➡電気式ディーゼル機関車
500～799➡液体式ディーゼル機関車

形式数字（電気機関車）
電気の方式と速度をあらわします。

（国鉄時代の古い車両）
10～29➡直流（最高時速85km以下）
30～49➡交流と交直流（最高時速85km以下）
50～69➡直流（最高時速85km以上）
70～89➡交流と交直流（最高時速85km以上）
90～99➡試作機関車

（JRの新しい電気機関車）
100～399➡直流電気機関車
400～699➡交直流電気機関車
700～999➡交流電気機関車

機関車の車両記号は先頭車両の前面や側面などにあります。

そのほかの車両記号

新幹線の車両記号です。形式タイプはJRの各会社によってちがいます。

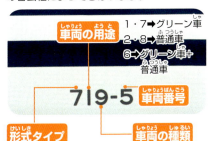

車両の用途
1・7➡グリーン車
2・8➡普通車
6➡グリーン車＋普通車

719-5　車両番号

形式タイプ
5～8➡500系～800系
9➡事業用
E2～E7➡E2系～E7系
W7➡W7系
H5➡H5系

車両の種類
1➡制御電動車
2➡パンタグラフがついた制御電動車
5・7➡中間電動車
6➡パンタグラフがついた中間電動車
8➡中間電動車、付随車
9➡付随車

客車の車両記号です。車両記号は車体側面にあります。

オロ14 708

車両の重さ
ナ:27.5トン以上
オ:32.5トン以上
ス:37.5トン以上
マ:42.5トン以上
カ:47.5トン以上

車両の用途
イ➡一等車
ロ➡グリーン車
ハ➡普通車
ニ➡荷物車
テ➡展望車
シ➡食堂車
ネ➡寝台車

貨車の車両記号です。たくさんの荷物をつむ車両です。車両記号は車体側面にあります。

コキ 104-1319
形式数字　積5.0 空1.8　車両番号

車両のつくり
コ➡コンテナ車
タ➡タンク車
チ➡長物車
ワ➡有がい車
ト➡無がい車
シ➡大物車
ホ➡ホッパ車
ヘ➡石炭車

積載量
無記号➡13トン以下
ム➡14トン～16トン
ラ➡17トン～19トン
サ➡20トン～24トン
キ➡25トン以上

車体にかかれた漢字とカタカナ

JRの車両には、車両記号のほかにも所属基地をあらわす「所属表記」がかいてあります。車両は、きまった車両基地で管理されていて、所属表記は漢字とカタカナでその車両がどの車両基地に所属しているかをあらわしています。

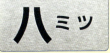 

上の3つの所属表記は、「ハミツ」は八王子支社三鷹車両センター、「熊クマ」は熊本支社熊本車両センター、「盛モリ」は盛岡支社盛岡車両センターに所属していることをあらわしています。みんなも楽しい所属表記をさがしてみましょう。

新交通システム・モノレール

新交通システム・モノレール

レイルマンやまさきのポイント

新交通システムは、コンクリートでできた専用の軌道をゴムタイヤで走る鉄道です。都市部を中心にかつやくしている新しい鉄道で、専用軌道はおもに高いところにつくられます。コンピュータ制御によって運転士がいなくても運転できるのが特ちょうです。

運転台

先頭車両には運転台があります。ふだんは無人運転ですが、運転士が運転するときは運転台を使います。

新交通システムのしくみ

電車線
軌道のかべにあります。3本の電車線に電気が流れています。

パンタグラフ

走行車輪
パンクしても走れるように、ゴムタイヤの中に金属の車輪が入っています。

案内車輪
ガイドウェイと接して進路を案内する車輪です。カーブでは走行車輪の向きをかえて、うまく曲がれるようにします。

ガイドウェイ
「案内軌条」ともいいます。軌道の両側にあります。

電車線と接して、電気を取り入れます。

中央指令所
列車や駅、気象の状態などを確認して、運行を管理しています。列車や駅のホームのドアをそうさすることができます。

運行の管理
たくさんのモニターや機器で、列車の運行を管理します。

駅の管理
駅の状況を管理したり、乗客の問い合わせなどに対応したりします。

情報の管理
強風や地震などの災害情報をチェックして安全にそなえます。

見てみよう!
DVD おもしろ鉄道大集合

東京臨海新交通臨海線
7500系(ゆりかもめ)

運行会社名の「ゆりかもめ」と呼ばれて親しまれています。東京都のレインボーブリッジやお台場を通ります。自動運転で走るため、運転士はいません。■14.7km ■新橋～豊洲 ■6両 ■2018年

日暮里・舎人ライナー
320形(東京都交通局)

東京都の荒川区と足立区でかつやくしています。都営地下鉄と同じで、東京都交通局が運行しています。■9.7km ■日暮里～見沼代親水公園 ■5両 ■2017年

金沢シーサイドライン
2000型(横浜シーサイドライン)

横浜の海沿いを無人運転で走る新交通システムです。沿線には横浜・八景島シーパラダイスや、神奈川県立金沢文庫があります。■10.8km ■新杉田～金沢八景 ■5両 ■2011年

伊奈線 2020系(埼玉新都市交通)

ピンク色のほかにも、青色や緑色など、カラフルな車両がワンマン運転で走っています。よく晴れた日には富士山が見えることもあります。■12.7km ■大宮～内宿 ■6両 ■2015年

ポートアイランド線 2020型(神戸新交通)

おもに三宮と神戸空港の間を無人運転で走っています。日本ではじめて無人運転をおこなった新交通システムです。■8.2km ■三宮～神戸空港 ■6両 ■2016年

南港ポートタウン線 200系(Osaka Metro)

大阪のコスモスクエアと住之江公園を結ぶ無人運転の路線です。「ニュートラム」と呼ばれて親しまれています。■7.9km ■コスモスクエア～住之江公園 ■4両 ■2016年

広島新交通1号線 6000系(広島高速交通)

路線の愛称の「アストラムライン」は、「明日に向かって走る電車路線」という意味です。ワンマン運転で走っています。■18.4km ■本通～広域公園前 ■6両 ■1994年

山口線 8500系(西武鉄道)

プロ野球チームの埼玉西武ライオンズのキャラクター「レオ」がえがかれた8500系は、「レオライナー」と呼ばれています。■2.8km ■西武遊園地～西武球場前 ■4両 ■1985年

山万ユーカリが丘線 1000形(山万)

千葉県にあるニュータウンの中を走る路線です。1000形は車体にコアラがえがかれたワンマン運転の列車です。■4.1km ■ユーカリが丘～公園 ■3両 ■1982年

■路線の距離 ■路線の区間 ■編成 ■車両の登場年

モノレールのしくみ

レイルマンやまさきのポイント

モノレールの種類は、レールにぶらさがって走る「懸垂式」と、レールにまたがって走る「跨座式」に分けられます。地下鉄と同様、おもに都市部でかつやくしています。地下鉄とくらべると、建設費が安いのが特ちょうです。

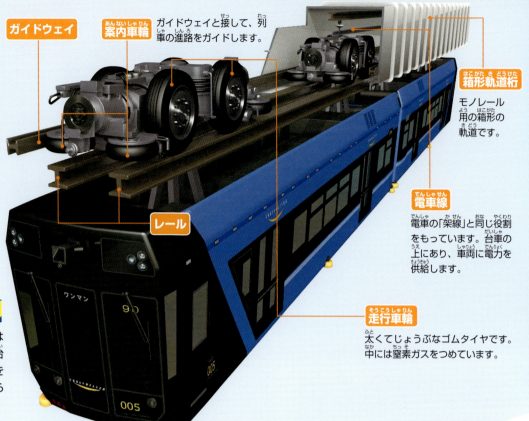

ガイドウェイ

案内車輪 ガイドウェイと接して、列車の進路をガイドします。

箱形軌道桁 モノレール用の箱形の軌道です。

レール

電車線 電車の「架線」と同じ役割をもっています。台車の上にあり、車両に電力を供給します。

走行車輪 太くてじょうぶなゴムタイヤです。中には窒素ガスをつめています。

懸垂式モノレールのしくみ

千葉都市モノレールでは、レールは箱形の「軌道桁」の中にあります。台車は車体の上についていて、台車をレールに引っかけるようにしてぶらさがっています。

跨座式モノレールのしくみ

1本のレールにまたがって走るタイプです。つくりがかんたんで、建設費を安くできます。それぞれのパーツの役割は懸垂式と同じです。

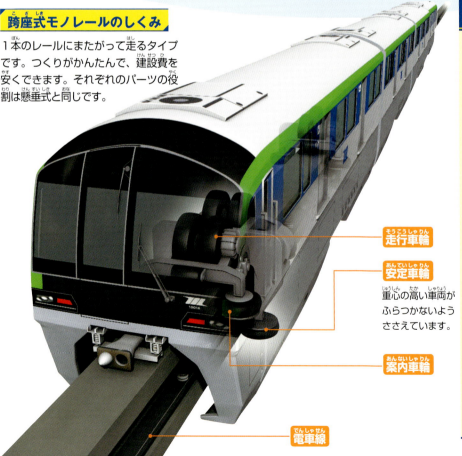

走行車輪

安定車輪 重心の高い車両がふらつかないようささえています。

案内車輪

電車線

これもモノレール？

広島県の「スカイレール」は、JR山陽本線の瀬野駅と、山の上につくられた住宅地を結ぶ交通システムです。ほかにも、東京都の飛鳥山公園の入り口から標高差17.4mの山頂まで登る「アスカルゴ」と呼ばれるモノレールもあります。

スカイレール

アスカルゴ

見てみよう！
DVD おもしろ鉄道大集合

1号線 0形（千葉都市モノレール）

0形は「アーバンフライヤー」と呼ばれています。全線の営業距離は15.2kmで、懸垂式モノレールとしては世界一の長さです。■156人分　■3.2km　■千葉みなと～県庁前　■2両　■2012年

湘南モノレール江の島線5000系（湘南モノレール）

神奈川県の大船から湘南まで走っています。赤色のほかに青色、緑色、オレンジ色のラインの車両もかつやくしています。■224人分　■6.6km　■大船～湘南江の島　■3両　■2004年

見てみよう！
DVD おもしろ鉄道大集合

多摩都市モノレール線1000系（多摩都市モノレール）

東京都の多摩地区を走ります。モノレール車両ではじめてVVVFインバータを採用した車両です。■410人分　■16.0km　■多摩センター～上北台　■4両　■1998年

小倉線 1000形（北九州高速鉄道）

北九州市の小倉北区や小倉南区でかつやくしているモノレールです。1000形は1985年の開業から走っている車両です。■392人分　■8.8km　■小倉～企救丘　■4両　■1985年

沖縄都市モノレール線1000形（沖縄都市モノレール）

沖縄県でゆいいつの鉄道です。「ゆいレール」と呼ばれています。■170人分　■17.0km　■那覇空港～てだこ浦西　■2両　■2003年

大阪モノレール線 3000系（大阪高速鉄道）

日本でもっとも長い距離を走るモノレールの路線です。沿線には万博記念公園や大阪国際空港があります。■400人分　■21.2km　■大阪空港～門真市　■4両　■2018年

東京モノレール羽田空港線 10000形（東京モノレール）

都心と羽田空港を、最高時速80kmで結びます。大きな荷物をもった人のことを考えて、車内に荷物置き場が設置されています。■456人分　■17.8km　■モノレール浜松町～羽田空港第2ビル　■6両　■2014年

■座席数　■路線の距離　■路線の区間　■編成　■車両の登場年

ケーブルカー・ロープウェイ

レイルマンやまさきのポイント

ケーブルカーとロープウェイは、ふつうの鉄道では走れないほどの急斜面を登るときにかつやくする鉄道です。車両（ゴンドラ）とつながった「鋼索」（ワイヤロープ）を、上にある駅の「まきあげ機」で引っぱって動かすため、車両には動力がありません。ひとつの山にケーブルカーとロープウェイの両方があるところも多いです。

ケーブルカーのしくみ

ケーブルカーの路線の多くは、2台のケーブルカーだけで運行されます。車両Aと車両Bは、図のように中間地点ですれちがい、つねに同じ側を進み、上の駅と下の駅を行き来します。

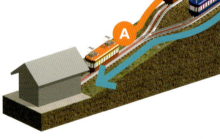

まきあげ機

上の駅に向かうときは、上の駅にあるまきあげ機で鋼索を引っぱって、鋼索につないである車両を引きあげます。そのとき、もう一方の車両は下の駅に向かいます。

A ▶ 車両Aが上に向かう動き

B ▶ 車両Bが下に向かう動き

箱根登山ケーブルカー（箱根登山鉄道）
箱根山でかつやくしています。日本のケーブルカーではじめて冷房装置をそなえた車両です。■1.2km ■強羅〜早雲山

坂本ケーブル（比叡山鉄道）
日本のケーブルカーではもっとも長い路線で、滋賀県側の比叡山のふもとから、山上の延暦寺まで登ります。
■2.0km ■ケーブル坂本〜ケーブル延暦寺

見てみよう！ DVD 登山鉄道

高尾山ケーブルカー（高尾登山電鉄）
東京都の高尾山でかつやくしています。日本のケーブルカーのなかで、もっとも急な坂を登ります。■1.0km ■清滝〜高尾山

見てみよう！ DVD おもしろ鉄道大集合

生駒ケーブル（近畿日本鉄道）
奈良県の鳥居前から宝山寺を結ぶ宝山寺1号線は、1918年に開業した日本初のケーブルカーで、個性的な車両が人気です。■0.9km ■鳥居前〜宝山寺

ロープウェイのしくみ

空中にはられた鋼索にぶらさがったゴンドラを、上の駅にある
まきあげ機で引っぱります。交走式と循環式があります。

まきあげ機

新穂高ロープウェイ（奥飛観光開発）

岐阜県の北アルプスにかかるロープウェイです。しらかば
平〜西穂高口では、日本でゆいいつの2階建てロープウェ
イが運行されています。■2.6km ■しらかば平〜西穂高口

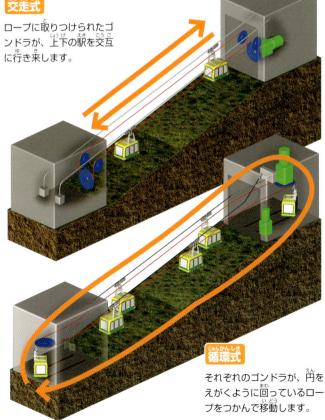

交走式

ロープに取りつけられたゴ
ンドラが、上下の駅を交互
に行き来します。

循環式

それぞれのゴンドラが、円を
えがくように回っているロー
プをつかんで移動します。

御在所ロープウエイ
（御在所ロープウエイ）

三重県の御在所岳山上にかかる
ロープウェイです。61mもの鉄塔
があり、ロープウェイの支柱とし
ては日本一の高さです。■2.2km
■御在所ロープウエイ湯の山温泉
〜御在所ロープウエイ山上公園

**中央アルプス
駒ヶ岳ロープウェイ**
（中央アルプス観光）

長野県の中央アルプスにか
かるロープウェイです。日
本でもっとも高い鉄道駅の
千畳敷駅が標高2611.5m
のところにあります。■2.3
km ■しらび平〜千畳敷

機関車のしくみ

レイルマンやまさきのポイント

機関車は、自分の力では動けない貨車や客車などを引っぱるための車両です。動力によって蒸気機関車、電気機関車、ディーゼル機関車の3種類に分けられます。それぞれの機関車のしくみを見てみましょう。

蒸気機関車のしくみ

蒸気機関車は、かつては特急から貨物列車まではば広くかつやくしていましたが、いまは観光列車に使われています。D51形蒸気機関車でしくみを見てみましょう。

蒸気ドーム

ボイラーで発生した大量の蒸気をためておくところです。

除煙板

走行中、空気を上へと流して運転室に煙が入るのをふせぎます。左右両側についています。

煙突

ボイラーの前部にあり、石炭の燃焼ガスや蒸気を外に出します。

ボイラー

火室で石炭を燃やし、燃焼ガスを煙管に通して、ボイラー内の水をあたためます。

シリンダー

中にはピストンがあり、ボイラーからの蒸気の圧力で前後に動きます。

主蒸気管

蒸気ドームからシリンダーへ蒸気を送ります。

主連棒

シリンダー内にあるピストンの動きを回転運動にかえて動輪へと伝えます。

煙管

燃焼ガスを通す管です。太くて大きいほど出力が上がります。

エネルギーの流れ

蒸気機関車は、燃料を燃やした熱で水を蒸発させて、たまった蒸気の圧力をエネルギーにして走ります。エネルギーの流れを見てみましょう。

DVD 見てみよう！ SLはなぜ走る？

2 蒸気の力を送る

蒸気ドームにたまった蒸気が主蒸気管を通って、シリンダーに送られます。

1 燃料（石炭）を燃やす

燃料を燃やして燃焼ガスを出し、ボイラー内の水をあたためて蒸気にします。

3 蒸気の圧力でピストンを動かす

蒸気の圧力がシリンダーに伝わり、シリンダー内にあるピストンが動き、動輪が回転します。

安全弁

ボイラー内の圧力が高くなりすぎたときに蒸気を出して、圧力を下げる装置です。

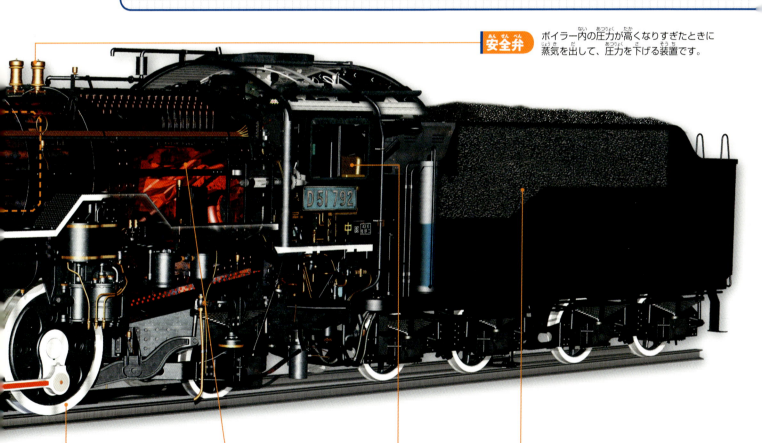

動輪

動力を直接うけている車輪です。数が多いほど引っぱる力が強くなり、直径が大きいほど速度が上がります。D51形には片側に4つずつ、両側で8つの動輪がついています。

火室

石炭を燃やすところです。広いほど出力が上がります。

機関室

機関車の運転をしたり、石炭をくべたりします。206ページでくわしく紹介しています。

炭水車

機関車の後ろについていて、石炭と水を積んでいます。長い距離を走る機関車には、容量の大きな炭水車がついています。

蒸気機関車の機関室

C57形蒸気機関車の機関室です。ボイラー内の圧力を確認するための計器や、石炭をくべる焚口戸があります。機関室は、走行中とても暑くなります。

機関車のしくみ

ボイラー圧力計
ボイラー内の圧力を確認できます。

水面計
ボイラー内の水の量を確認できます。

注水器
水そうからボイラーに水を送ります。

加減弁テコハンドル
シリンダーに送る蒸気の量を調節する「加減弁」を開いて、車両を加速させます。

逆転ハンドル
前進後進の切りかえのために使います。

焚口戸
ここから火室に石炭をくべます。

灰戸作用ハンドル
石炭の燃えカスをすてることができます。

ブレーキ弁ハンドル
ブレーキをかけるためのハンドルです。

石炭や水の運び方

蒸気機関車には燃料となる石炭と水がかならず積まれていて、石炭と水を機関車本体に積んで走る「タンク式」と、炭水車で石炭と水を運ぶ「テンダー式」の車両があります。長い距離を走るときは、燃料をたくさん積めるテンダー式の車両が使われ、短い距離ではタンク式の車両が使われます。

タンク式　水の入ったタンク　石炭　機関車

テンダー式　石炭　水そう　機関車　炭水車

炭水車には、たくさんの石炭と水を積むことができます。

磐越西線 SLばんえつ物語 C57形 (JR東日本)

日本でもっとも長い距離を走るSLです。大正ロマンただようレトロな客車を引っぱります。C57形は、細いボイラーが優美に見えることから「貴婦人」という愛称で呼ばれています。■111.0km ■新津〜会津若松 ■1040馬力 ■テンダー式

釜石線 SL銀河 C58形 (JR東日本)

「SL銀河」は、釜石線沿線を舞台にえがかれた、宮沢賢治の『銀河鉄道の夜』をテーマにした列車です。1972年に廃車されたC58形という車両を復元して運行しています。■90.2km ■花巻〜釜石 ■880馬力 ■テンダー式

上越線 SLぐんま みなかみ C61形 (JR東日本)

利根川のそばを走ります。C61形はD51形のボイラーを利用して、おもにお客さんを運ぶためのSLとしてつくられました。D51形で走る日もあります。■59.1km ■高崎〜水上 ■1380馬力 ■テンダー式

北陸本線 SL北びわこ D51形 (JR西日本)

滋賀県の琵琶湖の近くを走ります。D51形はもっとも多くつくられた形式の機関車で、「デゴイチ」と呼ばれて親しまれています。■22.4km ■米原→木ノ本 ■1280馬力 ■テンダー式

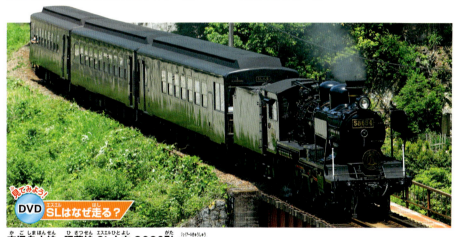

DVD SLはなぜ走る？

鹿児島本線・肥薩線 SL人吉 8620形 (JR九州)

熊本県の球磨川に沿って走るSLです。列車には展望ラウンジがあり、緑豊かな自然の景色を楽しむことができます。■87.5km ■熊本〜人吉 ■630馬力 ■テンダー式

大井川本線 SLかわね路 C10形 (大井川鐵道)

大井川本線では冬の期間をのぞいて、新金谷〜千頭を毎日SLが運行しています。C11やC56形が走ることもあります。■37.2km ■新金谷〜千頭 ■610馬力 ■タンク式

DVD ジョイフルトレイン大集合

山口線 SLやまぐち C57形 (JR西日本)

山口線を走るSLは1973年に廃止され、1979年に「SLやまぐち」として復活しました。C57形の第1号機が走っています。■62.9km ■新山口〜津和野 ■1040馬力 ■テンダー式

真岡線 SLもおか C12形 (真岡鐵道)

「SLもおか」のC12形は、年間をとおして毎週土・日曜日と祝日に、1日1往復ずつ運行されています。■41.9km ■下館〜茂木 ■505馬力 ■タンク式

■走行距離 ■主な走行区間 ■馬力 ■分類

レイルマンやまさきのポイント

電気機関車やディーゼル機関車は、おもに荷物を運ぶ「貨物列車」としてかつやくしています。たくさんの荷物をのせた貨車を引っぱるために、強力なパワーをそなえています。

一度に輸送できる貨物の量くらべ

EH500形1両　650t	10tトラック1台 10t

電気機関車のしくみ

電気機関車には、2両の機関車をひとつにつなげたような見た目のものもあります。EH500形で、しくみを見てみましょう。

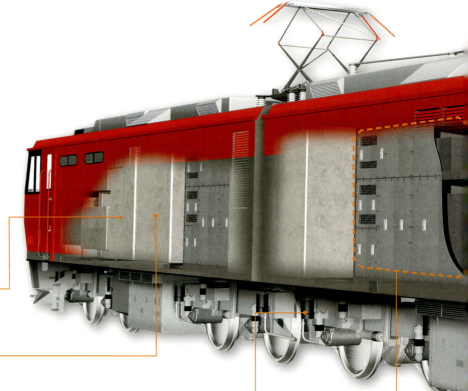

補助電源装置

ブレーキ抵抗器や主変換装置など、熱が発生する機器には送風機がついています。補助電源装置から、送風機を回すための電気を送り、機器を冷やしています。

ブレーキ抵抗器

電気機関車では、モーターを発電機として回して減速する「発電ブレーキ」が広く使われています。ブレーキ抵抗器は、ブレーキをかけたときに発生する電気を熱にかえてすてています。

砂まき装置

動輪とレールの間に砂やセラミックをまき、動輪が空回りするのをふせぎます。電車にもついている装置ですが、すべての動輪についているのは機関車だけです。

主変換装置

さまざまな路線を走るために、架線から取り入れた直流や交流の電気を、モーターを動かすために必要な電圧や周波数の交流にかえる装置です。

ディーゼル機関車のしくみ

ディーゼル機関車には「電気式」と「液体式」の2種類があります。それぞれのしくみを見てみましょう。

電気式ディーゼル機関車のDF200形です。おもに北海道でかつやくしています。

電気式ディーゼル機関車

軽油を燃料とするディーゼルエンジンで発電機を動かして、電気をつくります。その電気でモーターを回して走ります。

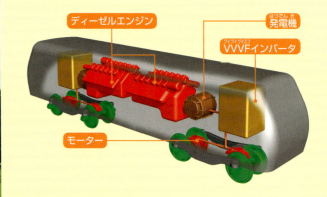

ディーゼルエンジン　発電機　VVVFインバータ　モーター

パンタグラフ

直流区間を走るときは2つ、交流区間を走るときはひとつだけ上げて走ります。直流区間は電圧が低いので、パンタグラフの数を増やし、より多くの電気を取り入れるためです。

EH500-31

モーター

565kWの強力なモーターが、1台の台車に2基ついています。

動輪

重い貨車を引っぱるために、電車よりも車輪の直径が大きくつくられています。

液体式ディーゼル機関車

ディーゼルエンジンでつくったエネルギーを、油がつまった「液体変速機」で調整して、「推進軸」から動輪に伝えます。

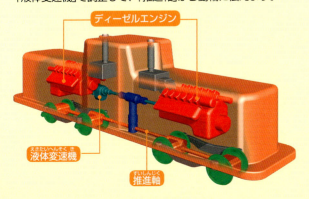

ディーゼルエンジン

液体変速機

推進軸

液体式ディーゼル機関車のDE10形です。ローカル線や、運転所、貨物ターミナルで、車両の入れ換え用としてかつやくしています。

DE101576

EF510形（JR貨物）

「ECO-POWER レッドサンダー」という愛称をもち、交流区間と直流区間のどちらでも走ることができる「交直流電気機関車」です。羽越本線や北陸本線など、おもに日本海側を走る貨物列車を牽引しています。

■3390kW　■電気　■2001年

EH500形（JR貨物）

動輪の軸が8本ある大型の「交直流電気機関車」です。「ECO-POWER 金太郎」という愛称で呼ばれています。車体にはかわいい金太郎がえがかれ、おもに東北本線や鹿児島本線の一部でかつやくしています。

■4000kW　■電気　■1998年

EH200形（JR貨物）

強力なモーターがついていて、急な坂でも重い貨車を引っぱることができる高性能な「直流電気機関車」です。「ECO-POWER ブルーサンダー」という愛称で呼ばれています。中央本線など、山が多い地域でかつやくしています。■4520kW　■電気　■2001年

EF210形（JR貨物）

直流電化区間でかつやくしている機関車です。JRの機関車ではじめて愛称が採用され、「ECO-POWER 桃太郎」と呼ばれています。貨物列車として東海道本線や山陽本線などを走っています。■3390kW　■電気　■1996年

見てみよう！
DVD 働く鉄道

DF200形（JR貨物・JR九州）

「ECO-POWER レッドベア（赤いクマ）」という愛称で呼ばれています。おもに北海道を走るほか、一部の車両は改造されて「ななつ星 in 九州」の機関車としてかつやくしています。■1920kW　■電気式ディーゼル　■1992年

EH800形（JR貨物）

北海道新幹線が開通したとき、青函トンネルが新幹線用のつくりにかわったので、在来線も青函トンネルも両方走れるようにつくられた、交流専用の機関車です。青函トンネルを走ることができる、ゆいいつの機関車です。■4000kW　■電気　■2014年

■出力　■動力　■車両製造年

貨車の種類

貨車は、積み荷の種類によって次のように分けられます。

コンテナ車
おもに5tサイズのコンテナを積んでいます。コンテナには風通しのよいものや、保冷機能がついたものなどがあります。

コキ106形

タンク車
液体を運ぶ貨車です。

タキ1000形

鉱石運搬車
鉱石を運びます。35tまで積むことができます。

ヲキ100形

長物車
長いものを運ぶための貨車です。材木やレールなどを運ぶときに使われます。

チキ6000形

ホッパ車
ハンドル
取りだし口
バラストやセメントなどを運びます。ハンドルを回すと取りだし口が開き、積み荷を落とすことができます。

ホキ1形

無がい車
荷台にふたがなく、雨にぬれてもいい砂利や木材などを運びます。写真のように、シートをかけることで有がい車として使える車両もあります。

トキ25000形

日本最大の鉄道車両

「シキ」という車両記号がついた車両は「大物車」と呼ばれます。シキは、ほかの貨車では運べない巨大な荷物を運ぶことができるため、重さ200tをこえる巨大な変圧器を運ぶときにかつやくします。シキの車両記号がつく車両のなかでいちばん大きいのがシキ610形で、荷物を積んだときの重さはおよそ330t、長さは45mにもなる、日本最大の鉄道車両です。また、車輪の数が多いことも特ちょうで、48個の車輪がついています。

大物車 シキ610形
日本通運が所有する、日本でたった1台の車両です。

日本でいちばん速い貨物列車
スーパーレールカーゴ

貨物列車の多くは、動力のある機関車を先頭にして貨車を引っぱる「動力集中方式」です。「スーパーレールカーゴ」は貨物列車ですが、前後に2両ずつ電動台車がついた車両があり、動力が複数ある「動力分散方式」で荷物を運びます。

スーパーレールカーゴ
M250系（JR貨物）

JR貨物が運送会社と共同開発した、最高時速130kmで走ることができる日本でいちばん速い貨物列車です。宅配便の荷物を積んで、東京貨物ターミナル～安治川口（大阪）間を約6時間で走ります。

東京貨物ターミナルは日本最大級の広さの貨物駅です。たくさんのコンテナが集まるこの駅では、1日約4600個のコンテナが受け渡しされています。

スーパーレールカーゴの編成

16両編成では、パンタグラフと電動台車がついた車両が前後に2両ずつ編成されます。東京～大阪の上下線で毎日1本ずつ運行されていて、1日で10tトラック56台分の貨物を運んでいます。

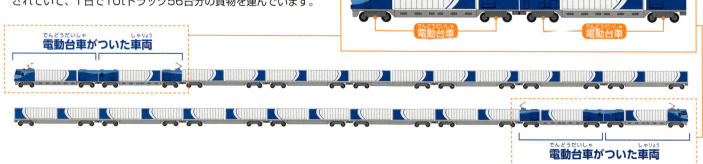

パンタグラフ　コンテナ　パンタグラフ

電動台車　電動台車

電動台車がついた車両

電動台車がついた車両

コンテナの旅

スーパーレールカーゴはトラックのコンテナを、そのまま貨車に積むことができます。コンテナがどのように各地へ届けられるかを見てみましょう。

❶ コンテナを積んで東京貨物ターミナルを出発

荷物を積んだコンテナを「トップリフター」がもちあげます。

もちあげたコンテナをスーパーレールカーゴに積みます。

コンテナを積んだら、安治川口へ向かいます。

❷ 大阪に到着

およそ6時間かけて安治川口に到着。たくさんのトラックが待っています。

❸ コンテナの積みおろし

「トップリフター」でコンテナをつかみます。

つかんだコンテナをそのままトラックに積みこみます。

コンテナを積んだトラックが各地へ向かい、荷物を届けます。

なくてはならない大事な施設
駅えき

プラットホーム

列車に乗るための場所です。「ホーム」と略して呼ばれることが多いです。一般的なホームの高さは、電車のみが走る都心部の駅では約1.1m、新幹線の駅では1.25m、それ以外では0.92mです。

↕ 1.1m

番線ばんせん

たくさんの路線が乗り入れている駅では、いくつもの「番線ばんせん」があり、「1番線」「2番線」など、番号がふられています。番線の番号は駅長室から近い順に1、2、3とふられていることが多く、これは国鉄時代のルールのなごりだといわれていますが、明確な決まりはありません。

ホームドア

乗客が、ホームから落ちたり、列車とぶつかったりしないための設備です。車両の扉と連動して開閉します。新幹線、地下鉄、新交通システムの駅に多く見られましたが、私鉄やJR在来線でも採用する駅が増えています。

自動放送

駅に近づいている列車を自動的に知らせる「接近放送」などが流れます。放送の声はアナウンサーや声優などが担当しています。

多機能券売機

きっぷの購入のほかに、定期券の更新、ICカードのチャージができるものもあります。

自動改札機

電車に乗るときに必要なきっぷやICカードの情報を読みこむ機械です。ICカードのかわりに利用できる携帯電話もあります。

駅の構内に踏切がある？

四日市あすなろう鉄道の日永駅には、駅の構内に踏切があります。日永駅のホームは線路をはさんで2つあり、反対側のホームに移動するときは線路を渡る必要があるので、踏切が設置されています。こうした駅は地方の駅でよく見られます。

おもしろい駅舎や鉄道大集合

全国にはおもしろい特ちょうのある駅がたくさんあります。地図で見てみましょう。

🏠 おもしろい形の駅舎や置物がある　♨ 温泉・足湯がある　✵ 地理に関する特ちょうがある

加斗駅
駅舎に理髪店が入っていて、駅の業務もしています。

亀をイメージした駅舎です。

カッパの顔の形をした駅舎の2階はカッパの資料館になっています。

🏠 **田主丸駅**

ホームが福岡県と大分県をまたいでいる駅です。

♨ **宝珠山駅**

駅のホームの端に足湯があります。

♨ **由布院駅**

🏠 **亀甲駅**

✵ **たびら平戸口駅**
ゆいレールをのぞき、日本でもっとも西にある駅です。

♨🏠 **大隅横川駅**
明治36年にできたときのまま残る、古い木造駅舎です。

大手町駅
付近に電車が直角に交差する線路があります。

日本へそ公園駅
日本列島の中心地にあるため、「へそ」の名前がつきました。

🏠 **奈半利駅**
土佐くろしお鉄道のごめん・なはり線では、各駅にキャラクターがいます。

なはりこちゃん

✵ **西大山駅**
ゆいレールをのぞき、JRでもっとも南にある駅です。

日本最南端の駅

北緯31度11分

西大山駅

🏠 **姫路駅**
ホームに、むかしの車両をイメージした見ためのそば店があります。

土佐北川駅
駅のホームが橋の中にあります。

真岡駅
SLの形をした駅舎が特ちょう的です。

湯野上温泉駅
かやぶき屋根が特ちょう的な駅舎です。

磐城塙駅
森林をイメージした駅舎です。

保原駅
駅の看板が特産品の桃の形をしています。

くびき駅
まるい形をした駅舎です。

深谷駅
駅舎が東京駅と似ています。

東京駅

新宿駅
1日の利用者数が日本一の駅です。

千畳敷駅
日本一高いところ（標高2611.5m）にある駅です。

アプトいちしろ駅〜長島ダム駅
日本でゆいいつの、アプト式ラックレールの区間です。

京都駅
日本一長いホーム（0番線と30番線）があります。

津駅
日本一短い駅名です。

浜名湖佐久米駅
冬になると、ホームにユリカモメが飛んできます。

片瀬江ノ島駅
竜宮城をイメージした駅舎です。

高尾駅
ホームに天狗の像があります。

駅（えき）

216

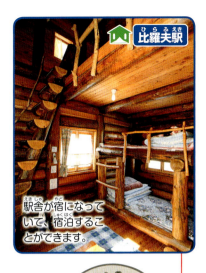

比羅夫駅

駅舎が宿になっていて、宿泊することができます。

稚内駅

日本でもっとも北にある駅です。

新夕張駅～新得駅

普通列車が走っていないので、普通運賃で特急列車に乗車できます。

東根室駅

日本でもっとも東にある駅です。

白老駅～沼ノ端駅

在来線で日本一長い直線区間です。

木造駅

大きな土偶がかざられている駅舎です。

茅沼駅

野生のタンチョウが見られる駅です。

ほっとゆだ駅

駅舎の中に温泉があります。

大館駅

秋田県の名物料理、きりたんぽの置物があります。

天童駅

天童市将棋資料館が駅の中にあります。

岩手船越駅

本州でもっとも東にある駅です。

赤湯駅

パラグライダーのつばさをイメージしてつくられた駅舎です。

作並駅

こけしが出迎えてくれる駅です。

石巻駅

マンガ家の石ノ森章太郎氏ゆかりの土地なので、駅にはマンガのキャラクターがたくさんいます。

高畠駅

童話のお城のような駅舎です。駅の構内には温泉もあります。

イギリスから日本へ
鉄道の歴史

技術者のスチーブンソンが、それまでの蒸気機関車を改良して「ロコモーション号」をつくりました。

当時の電車は木造で、最高時速はおよそ13kmでした。

世界初の鉄道

世界で最初の鉄道はイギリスで開業しました。蒸気機関車「ロコモーション号」が90tの車両を引っぱり、ストックトンとダーリントンを結びました。

日本初の電車登場

日本初の電車は京都に登場しました。最初の電車は路面電車で、駅やホームはなく、乗降客がいるところで停車していました。電車は、市街地や都市間など、近距離を走る鉄道としてかつやくしていきます。

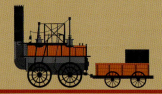

1825年

鉄道のはじまり

1872年

1895年

1927年

日本の電車のはじまり

日本の鉄道のはじまり

日本初の鉄道は、国が運営する官営鉄道のもとで、新橋〜横浜間で開業しました。当時の日本には鉄道をつくる資源や技術がなく、蒸気機関車や線路などは、すべてイギリスから取りよせました。

地下鉄登場

日本初の地下鉄が上野〜浅草間で開業しました。硬貨を入れると開く改札やATSなどの新しい技術が実用化されました。火災事故にそなえて、当時ではめずらしかった鋼鉄製の車両が使われました。

開業当時の新橋駅です。開通した10月14日は、「鉄道の日」とさだめられています。

鉄道博物館提供

開業当時の上野駅のホームです。この路線は、現在では東京メトロ銀座線になっています。

幻の弾丸列車計画

1940年、より速く乗客や貨物を運ぶために、最高時速200kmの列車を東京〜下関間で走らせる計画が立ちあがりました。この計画が「弾丸列車計画」です。実現に向けて工事が進められていましたが、戦争がはげしくなると計画は中止されました。しかし、この計画は、東海道新幹線の重要な土台になりました。

南満州鉄道で走っていた「あじあ号」を引っぱっていたパシナ形蒸気機関車です。弾丸列車計画では、このような巨大な機関車を使用することが計画されていました。

▼0系は1965年から東京〜新大阪間を3時間10分で結びました。

特急列車の発展

東海道本線を走る特急「燕」は最高時速95kmほどで走り、「超特急」と呼ばれていました。このころ、長距離を走る列車の多くは、機関車が客車を引っぱるものでした。

C51蒸気機関車は「燕」として、8時間20分で東京〜大阪間を結びました。

鉄道博物館提供

新幹線開業

戦後になると、たくさんの人を乗せて高速で走る鉄道が計画されました。弾丸列車計画のときにつくられたトンネルや、買収していた土地を利用しながら建設が進められ、ついに東海道新幹線が開業しました。当時世界最速である最高時速210kmの0系新幹線の登場によって、鉄道の高速化時代がはじまります。

1930年 ────── 鉄道発展時代 ────── **1958**年 ────── **1964**年 ────── 鉄道高速化時代 ────── **2013**年

電車・ディーゼルカーの発展

日本初の特急電車「こだま」が登場し、東京〜大阪間を6時間50分で結びました。高速運転できるだけではなく、快適にすごせるように、車内の騒音やゆれをおさえる設計も取り入れました。1960年にはディーゼルカーを使った特急も誕生し、このころから長距離列車でも電車やディーゼルカーがかつやくするようになりました。

高速で走り、快適にすごせる「こだま」は、騒音や振動が大きいというそれまでの電車のイメージをかえました。

鉄道博物館提供

時速320kmの運転開始

東海道新幹線が開業してから、各地で新幹線が建設され、最高時速も速くなっていきました。2013年には東北新幹線で、日本最速となる最高時速320kmでの運転がはじまりました。

E5系は日本ではじめて最高時速320kmでの運転をおこないました。

さくいん

この図鑑に出てくる列車名、路線名、車両形式、おもな用語を五十音順で掲載しています。

車両形式

[監修]
山﨑友也（鉄道写真家、レイルマンフォトオフィス代表）

[執筆]
山﨑友也

[撮影・写真]
レイルマンフォトオフィス（山下大祐、仲井裕一）

[イラスト]
中島 秀：表紙、16-17、173、174
梅津成美：200
成瀬京司：40、76-77、172、174-175、179、182、185、186-187、198、202-203、204-205、208-209
木下真一郎：128

[図版]
須藤 洸・上薗紀耀介（オフィス303）

[装丁]
城所 潤+関口新平（ジュン・キドコロ・デザイン）

[本文デザイン]
天野広和、大類菜央
（株式会社ダイアートプランニング）

[編集]
オフィス303

[写真・イラスト・資料提供]
アフロ：38-39／アマナイメージズ：24、39、183、218／ゲッティイメージズ：38-39／奥飛観光開発株式会社：203／株式会社新竹商店：114／株式会社いかめし阿部商店：115／株式会社源：114／株式会社ヨシダ：114／川崎重工業株式会社：219／共同通信社／アマナイメージズ：218／京都市交通局：127、218／三陸鉄道株式会社：167／仙台市交通局：128／立山黒部貫光株式会社：133／中央アルプス観光株式会社：203／鉄道博物館：183、218-219／長崎電気軌道株式会社：105／西日本鉄道株式会社：184／西日本旅客鉄道株式会社：68-69／日光鱒鮨本舗株式会社：115／日本通運株式会社：211／日本地図センター：106／野村一也：166／毎日新聞社／時事通信フォト：28／八川そば：114／有限会社うえの：114

[取材協力]
丘山産業株式会社、株式会社日立製作所、株式会社ゆりかもめ、京成電鉄株式会社、新光硝子工業株式会社、西武鉄道株式会社、東海旅客鉄道株式会社、AGCファブリテック株式会社

[特別協力]
秋山芳弘

[執筆協力]
鷲田鉄也

[DVD映像制作]
NHKエンタープライズ
大上祐司（プロデューサー）
三宅由恵（アシスタントプロデューサー）

[DVD映像制作協力]
東京映像株式会社
撮影協力：丘山産業株式会社、株式会社日立製作所、京成電鉄株式会社、新光硝子工業株式会社、西武鉄道株式会社、AGCファブリテック株式会社

[DVD映像]
153:都営地下鉄大江戸線
東京都交通局商品化許諾済
154-155:特急ができるまで
西武鉄道株式会社商品化許諾済

講談社の動く図鑑 MOVE
鉄道 新訂版

2015年 6月18日 初版 第1刷発行
2020年 7月10日 新訂版 第3刷発行

監 修 山﨑友也
発行者 渡瀬昌彦
発行所 株式会社講談社
　　　　〒112-8001 東京都文京区音羽2-12-21
　　　　電話 編集 03-5395-3542
　　　　　　 販売 03-5395-3625
　　　　　　 業務 03-5395-3615
印 刷 共同印刷株式会社
製 本 大口製本印刷株式会社

ISBN978-4-06-517623-8　N.D.C.686 223p 27cm

**アライグマみたいで
カワイイ！**
グリーンムーバー
エイペックス 5200 形
（広島電鉄）
▶ P.112

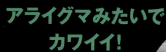
シュッポッポ～！

列車の先頭車両は「顔」と呼ばれ、
車両によってさまざまな顔があります。
かっこいい顔、おもしろい顔、
いろいろ集めてみたよ！

**頭からモクモク
だしちゃうぞ！**
上越線 SL ぐんまみなかみ
C61 形
（JR 東日本）
▶ P.207

鉄道車両の

**みんなの夢を
まもるんだ！**

いってらっしゃい！
だニャン♪

**アンパーンチ
しちゃうぞ!?**
ミッドナイト EXP 松山
8000 系
（JR 四国）
▶ P.56

**縦目の
一つ目小僧だぞ！**
叡山本線デオ 730 形
（叡山電鉄）
▶ P.122